Martin Glomm
Stefan Krieglsteiner
Die Ausflugsprofis

DIE AUSFLUGS-PROFIS

MARTIN GLOMM
STEFAN KRIEGLSTEINER

Gemeinsam durch Flora und Fauna in Rhein-Main

SOCIETÄTS
VERLAG

Durch das Scannen des QR-Codes werden Sie auf unsere Website geleitet (alternativ dazu finden Sie hier den Link: https://societaets-verlag.de/ausflugsprofis/). Mit dem Passwort NurfürProfis! erhalten Sie Zugriff auf den geschützten Bereich. Dort können Sie die gewünschten Tracks kostenfrei herunterladen und mit einem Endgerät Ihrer Wahl auslesen lassen.

Sämtliche Tracks wurden von den Autoren und dem Verlag nach bestem Wissen und Gewissen überprüft. Dennoch können wir Fehler und Abweichungen leider nicht ausschließen, beispielsweise, wenn sich Gegebenheiten vor Ort verändern.

Satz: Julia Desch, Societäts-Verlag
Umschlaggestaltung: Julia Desch, Societäts-Verlag
Umschlagabbildung: Fotos Stefan Krieglsteiner;
Illustrationen Martin Glomm; SunshineVector/Shutterstock (Waldtiere);
robuart/Shutterstock (Eisvogel)
Karten: © OpenStreetMap-Mitwirkende
Druck und Verarbeitung: CPI books GmbH, Leck
Printed in Germany 2022

ISBN 978-3-95542-417-6

Besuchen Sie uns auch im Internet:
www.societaets-verlag.de

MIX
Papier aus verantwortungsvollen Quellen
FSC® C083411

2022
Klimaneutraler Druck
mit firstclimate

Inhalt

Einfach mal raus!

Wenn wir uns an unsere eigene Kindheit zurückerinnern, dann waren wir spätestens ab der Grundschulzeit fast immer draußen. Im Sommer auf Streuobstwiesen, am nächsten Steinbruch, in schmalen Bachtälern. Im Winter am nächstgelegenen Hang zum Schlittenfahren. Dabei haben wir viel entdeckt: Frösche und Libellen am Teich, Eidechsen im Steinbruch oder Ringelnattern am Bach. Und mussten später erfahren, dass viele unserer heimischen Tiere und ihre Lebensräume in Gefahr sind.

Vor einigen Jahren haben wir uns in Frankfurt über unsere Kinder kennengelernt und gemeinsam mit ihnen aus Leidenschaft für das Draußen sein viele Ausflüge ins Grüne unternommen. Eine bunte Auswahl an kleineren und größeren Touren, in unmittelbarer Nähe zur Stadt oder auch an den Rändern des Rhein-Main-Gebiets haben wir nun in diesem Buch für Sie zusammengestellt. Die Erfahrung mit unseren eigenen Kindern hat unbedingt gezeigt: Gerade in der Natur gibt es keine Planbarkeit! Auf einer Wiese oder an einem kleinen Tümpel verstreicht spielend eine Stunde, die Sie nicht eingeplant hatten. Und auch das Wetter birgt immer mal wieder Überraschungen, genauso wie die Lust und Laune der Kleinen. Bleiben Sie also spontan, nehmen Sie sich unsere Tipps als Vorschläge und suchen sich ruhig Ihren eigenen Weg – denn der ist das Ziel! Entdecken kann man immer viel, auch unplanmäßig – und bei jedem Wetter und zu jeder Jahreszeit!

Als Orientierung dienen Ihnen neben den Karten auch die downloadbaren GPX-Tracks. Und gehen Sie gerne auch im Buch auf Entdeckungstour: Jedes Kapitel enthält ein Tier, was die Tour begleitet und sich mal hier, mal da aufspüren lässt!

Nun wünschen wir Ihnen viel Spaß beim Erwandern der grünen Rhein-Main-Region mit ihren wunderbar abwechslungsreichen Wegen und einer vielfältigen Flora und Fauna.

Martin Glomm
Stefan Krieglsteiner

Achtung: Rücksicht auf Pflanzen und Tiere

Wir freuen uns über die Vielfalt an Pflanzen und Tieren, daher schützen wir sie. Nehmen unsere Abfälle wieder mit nach Hause. In Naturschutzgebieten bleiben wir auf den Wegen und beobachten weiter entfernte Pflanzen und Tiere durch ein Fernglas. Natürlich füttern wir Wildtiere nicht und jagen ihnen auch nicht hinterher. Nur wenn es erlaubt ist, lassen wir unseren Hund von der Leine.

Tour S. 32: Gipfelrast
am Fernblickturm

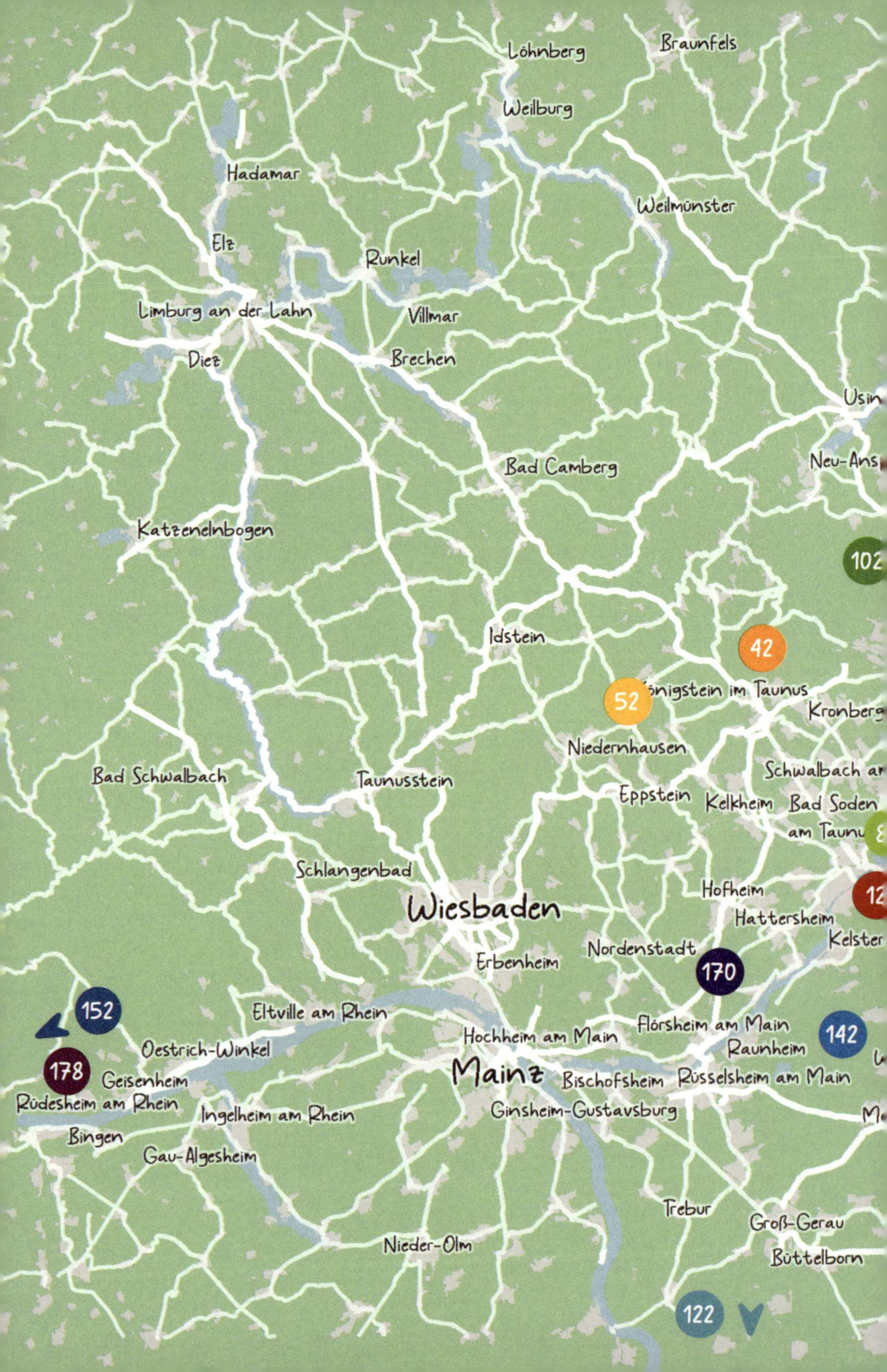
Löhnberg
Braunfels
Weilburg
Hadamar
Weilmünster
Elz
Runkel
Limburg an der Lahn
Villmar
Diez
Brechen
Usin
Neu-Ans
Bad Camberg
Katzenelnbogen
102
Idstein
42
52
Königstein im Taunus
Kronberg
Niedernhausen
Schwalbach am
Bad Schwalbach
Taunusstein
Eppstein
Kelkheim
Bad Soden am Taunus
Schlangenbad
Hofheim
Wiesbaden
Hattersheim
Kelster
Nordenstadt
Erbenheim
170
152
Eltville am Rhein
Flörsheim am Main
142
Hochheim am Main
Raunheim
Oestrich-Winkel
178
Geisenheim
Mainz
Bischofsheim
Rüsselsheim am Main
Rüdesheim am Rhein
Ingelheim am Rhein
Ginsheim-Gustavsburg
Bingen
Gau-Algesheim
Trebur
Groß-Gerau
Nieder-Olm
Büttelborn
122

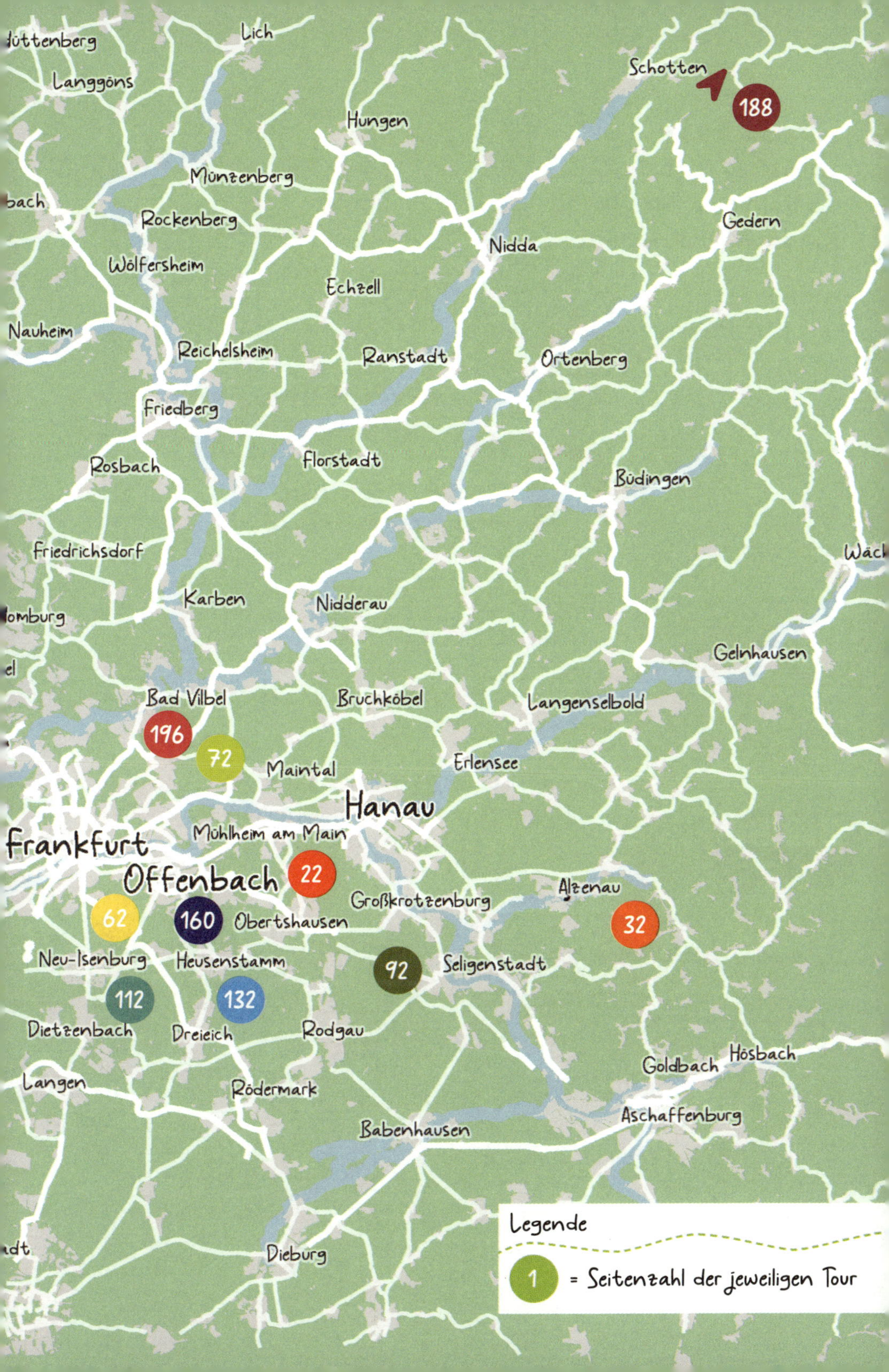
Lich
Langgöns
Schotten
188
Hungen
Münzenberg
Rockenberg
Gedern
Nidda
Wölfersheim
Echzell
Nauheim
Reichelsheim
Ranstadt
Ortenberg
Friedberg
Rosbach
Florstadt
Büdingen
Friedrichsdorf
Karben
Nidderau
Gelnhausen
Bad Vilbel
Bruchköbel
Langenselbold
196
72
Maintal
Erlensee
Hanau
Mühlheim am Main
Frankfurt
Offenbach
22
Alzenau
Großkrotzenburg
62
160
Obertshausen
32
Neu-Isenburg
Heusenstamm
92
Seligenstadt
112
132
Dietzenbach
Dreieich
Rodgau
Hösbach
Goldbach
Langen
Rödermark
Aschaffenburg
Babenhausen
Dieburg
Legende
1 = Seitenzahl der jeweiligen Tour

Distanz: 8,8 km
Gehzeit: 2 Std.
Charakter: etwas länger
Kinderwagen: bedingt

Düne, Wald und Wiese

Zwischen Schwanheim und Flughafen

Da will ich hin, wie komm ich hin?

ÖPNV: Zu erreichen mit der Buslinie 51, Haltestelle Schwanheimer Friedhof. Dann ca. 10 Minuten Fußweg zum Naturschutzgebiet „Schwanheimer Düne“.

Auto: Parkplätze direkt am Höchster Weg, an der Abfahrt Schwanheim von der B40.

Fahrrad: Die „Schwanheimer Düne“ ist mit dem Rad problemlos zu erreichen. Am Portal mit den Infotafeln befinden sich Holzgeländer zum Abstellen und Anschließen der Fahrräder.

Vielfalt im Frankfurter Westen

Die „Schwanheimer Düne" ist ein tolles und exotisches Kleinod im Frankfurter Westen. Eine Binnendüne, die gibt es nur ganz selten. Nicht besonders groß, eingezwängt zwischen riesigen Industriegebieten und Schnellstraßen, ist sie auf jeden Fall einen Besuch wert. Es ist dort ein wenig wie in einem botanischen Garten. Zum Austoben geht es anschließend in den Frankfurter Stadtwald, auf die Kelsterbacher Terrasse. Schließlich laden die Schwanheimer Wiesen zu Picknick, Sonnenbad und Ballspielen ein. Unterm Strich, dieser Trip in den Frankfurter Westen ist ein unerwartet schöner Urlaubstag.

Die Gegend rund um die großen Städte des Rhein-Main-Gebiets ist vollgepackt mit Schnellstraßen, Bahngleisen und Gewerbezonen. Das ist im Frankfurter Westen nicht anders. Aber kurz vor den Toren des Industrieparks Höchst, am Rande Schwanheims, gibt es etwas Besonderes: Eine Düne mitten in unserer von Mittelgebirgen wie dem Taunus und Odenwald geprägten Region – ungewöhnlich. Aber tatsächlich real: Die **Schwanheimer Düne** ist eine der seltenen Binnendünen Europas. Sie entstand vor ungefähr zehntausend Jahren in Folge der letzten Eiszeit. Der Wind blies feine Sande aus dem Flussbett des Mains heraus. Der riesige Sandhaufen wurde, wenn es stürmte, hin und her geschoben. Irgendwann wuchs Gras darüber. Und auch Bäume darauf. Später wurden die Gehölze von Menschen gerodet. Man wollte an den Sand herankommen, denn er wurde zum Bauen gebraucht. Lange Zeit wurde die Düne deswegen immer kleiner. 1984 war Schluss damit, das Land Hessen machte ein Naturschutzgebiet daraus. Seltene Pflanzen wachsen hier, das schöne **Silbergras**, und besondere Tiere wie die scheuen **Eidechsen** leben hier. Für die vielen Besucher ist die urig wirkende Landschaft durch einen Bohlenweg erschlossen.

Naja, und das ist schon nötig, denn zu viele Besucher abseits der Wege verkraftet der empfindliche Boden nicht. Aber natürlich ist so ein **Bohlenpfad** auch etwas langweilig, gerade für Kinder. Denn an schönen Wochenenden drängen sich hier die Besucher und es geht in Trippelschritten über das Holz. Also soll unsere Tour mit einer kleinen Wanderung durch den nahen **Stadtwald** kombiniert werden. Für den Ausflug bietet sich der Parkplatz am Schwanheimer Ufer an, ein Bus hält auch ganz in der Nähe. Die Düne ist ein spitzen Fotomotiv, wenn man Bilder dieser herrlichen Landschaft sieht, dann denkt man nur eins: nix wie hin!

Zum Glück empfinden die Kinder genauso und so finden wir uns an einem sonnigen Sonntag um Ostern herum am Rande der Bundesstraße 40 wieder. Auto abgestellt, in guter Gesellschaft. Viele denken wie wir und so war es ein munteres

Rangieren auf dem begrenzten Parkraum. Aber alles okay, friedliche Stimmung und solch ein Aufbruch ins Wochenende hat ja auch etwas Gemeinschaftliches. Also: Alle Autos gut geparkt, kleine Rucksäcke mit Verpflegung vorbereitet, genug Getränke eingepackt. Denn eine schöne Rast in der Sonne mit gutem Most vom Wochenmarkt, etwas Apfelwein und Brötchen mit Salami, das ist etwas Feines. Schräg zwischen Gärten hindurch, dann den **Martinsweg** entlang bis zum Portal des Bohlenwegs. Dort befinden sich ein großer Fahrradparkplatz und einige Infotafeln. Wir erfahren, dass vor ungefähr hundert Jahren hier Obst angebaut worden ist, was allerdings nicht besonders gut funktionierte. Als es längere Zeit nicht regnete, vertrockneten die Bäume einfach. Viel Sand wurde für Bauzwecke wegtransportiert, direkt angrenzend an die Düne gibt es die **Schmitt'sche Grube**, einen ziemlich großen Baggersee. Otto Schmitt, der Besitzer, ließ ein richtig großes und tiefes Loch in der Landschaft buddeln. Bis in die 1980er Jahre hinein wurde hier Sand abgebaut. Nach dem Ende der industriellen Ausbeutung liefen die Gruben mit Grundwasser voll. Das lockt viele Amphibien und Vögel wie **Kormorane, Eisvögel, Flussregenpfeifer** und **Haubentaucher** an. Das gefällt den Tieren: Was-

Kaum da, schon verbreitet sich Urlaubsstimmung. Auf der Schwanheimer Düne wächst eine sanfte Wohlfühl-Vegetation.

ser, Sonne, sandige Hänge zum Unterschlupf bauen. Denn die steilen und unbefestigten Böschungen bieten einen Naturraum, der sonst in Südhessen selten geworden ist. Deswegen ist das Gelände allerdings auch gesperrt. Da kommt man also gar nicht ran, daher auch nicht so spannend.

Anders der Bohlenweg, der erinnert an Holland-Urlaube. Gebaut worden ist er, damit der empfindliche Boden der Düne nicht plattgetrampelt wird. Wenn ganz viel los ist, an Wochenenden, sind hier auch Landschaftslotsen unterwegs. Das sind freundliche Menschen, die zum einen darum bitten, auf den Wegen zu bleiben und zum anderen viel über die Natur der Düne wissen und gut erklären können. Tolle **Kiefern**, eine sehr spezielle Landschaft. „Irgendwie sieht es aus wie im Zoo“, meinen die Kinder, „da kommen doch bestimmt gleich Giraffen um die Ecke“. Viele Leute hatten für diesen Sonnentag die gleiche Idee, ein Betrieb wie auf der Frankfurter Zeil herrscht auf dem schmalen Bohlenweg. Ein Stückchen weiter sind Beton-Überreste der **Lorenbahn** zu erkennen. Mit dieser Bahn wurde der Sand abtransportiert. Einer der wuchtigen Betonklötze eignet sich wunderbar als Tisch für unser Picknick, ein gestreiftes Küchenhandtuch drauf, fertig. „Es ist aufgetragen“, die Kinder räumen flugs ihre Rucksäcke leer. Der Plan geht auf, jeder war für das Packen selbst verantwortlich, nun kommt Freude auf, die mitgebrachten Leckereien gut zu drapieren und anzupreisen. Das gefällt den Eltern, denn es geht ja darum, den Nachwuchs spielerisch zur Selbstständigkeit zu motivieren. „Das sieht gut aus, ist das ein Kiosk, verkauft ihr uns was?“, fragen neugierig Passanten. Die Kinder sind begeistert. „Das machen wir das nächste Mal“, und dann erörtern sie Ideen für einen Pop-up-Kiosk an der Schwanheimer Düne. Gute Stimmung, trotz der vielen Leute. Kein Dichtestress, sondern nettes Leben und Leben lassen. In der Sonne ließe es sich endlos rumlungern und schnabulieren, aber wir wollen weiter.

Für die große Pause haben wir die **Schwanheimer Wiesen** ausgeguckt. Also alles eingepackt und den **Kelsterbacher**

Hilfreich bei plötzlichem Regen: Schutzpavillon am Rande der Schwanheimer Wiese. Ein naher Verwandter des Gernhardt'schen Grüngürteltiers grüßt aus dem Schatten.

Weg gequert. Aufgepasst: Da sind viele Radler unterwegs, denn er ist Teil des Maintal-Fernradweges. Wir bleiben stehen und schauen uns die unterschiedlichen Fahrstile an: rasende Rennradler mit aerodynamischen Helmen, schwerbepackte Tourenräder, Paare im Partnerlook: Räder in der gleichen Farbe und das schicke Sportoutfit auch, die Männer fahren meist vorraus. Weiter geht's. Über die Bundesstraße 40 führt eine Fußgängerbrücke Richtung **Frankfurter Stadtwald**. Der beginnt direkt an der Schnellstraße. Bäume, Bäume, Bäume, wohin man schaut, **Eichen, Buchen, Waldkiefern**.

Bald ist eine **Schutzhütte** erreicht, von der aus wir auf eine riesige Lichtung blicken. Die Schwanheimer Wiese ist die größte Frankfurter Waldwiese. Sie vermittelt ein eindrucksvolles Gefühl der Weite. Besonders an luftigen Tagen, dann fegt hier der Wind drüber, auf der ausgedehnten Grasfläche kann er richtig Anlauf nehmen. Fürs Drachensteigenlassen im Herbst eine erste Adresse. Aber warum steht hier kein Wald? Das liegt am Eingriff der Menschen: Litten die Schwanheimer Not, so rodeten sie ihren Wald, verkauften das Holz – und verpachteten die Freifläche als Wiese oder

Diese Böschung begrenzte einst den Main. Heute ist der fluffige Waldboden eine Wohltat für die Füße.

Acker. Heute sind mehrere informative Wanderwege, unter anderem der **Grüngürtel-Rundweg**, durch das Gebiet angelegt, in dem auch der bizarre **Struwwelpeter-Baum** steht. Unser Plan ist aber erstmal um die Wiese herum. Es geht am Waldrand entlang. „Das ist toll", meinen die Kinder. Im Schutz des Waldes, schön im Schatten, mit Blick über die weite Grasfläche zu gehen, das strengt überhaupt nicht an und unser Zwischenziel lockt sie auch. Wir wollen zur **Kelsterbacher Terrasse**.

Verblüffend, wir stehen im Wald und fragen uns: „Wo kommt der denn plötzlich her?" Da ist ein Abhang, wo eigentlich gar keiner sein sollte. Die Kinder wollen die Steigung mit Schwung hochlaufen. Mit viel Geschrei und ab und zu wegrutschend kommen sie schweratmend oben an. Direkt an der Geländekante führt ein Pfad entlang. Eine uralte Wegverbindung, schon seit der Jungsteinzeit gibt es den Pfad. Das haben wir vor der Tour gelesen, kann man sich wirklich gut vorstellen. Hier oben war es trocken und dort unten in der Flussniederung bekam man patschnasse Füße. Seit dem frühen Mittelalter gibt es Schriftstücke, in denen der Weg, die **Grenzschneise**, erwähnt ist. Wir holen uns einige Wanderstöcke, hier liegt viel Holz umher. Wollen uns wie Pilger fühlen, die schon viele Kilometer auf diesem Weg zurückgelegt haben. Denn einer der zahlreichen historischen Namen für die Verbindung lautet **Bischofsweg**. Eine sogenannte „Altstraße" ist es, führt von Mainz über Hanau nach Aschaffenburg. Nun fühlen wir uns vollends im Fluss der Jahrhunderte. Unser Blick schweift durch den Frühlingswald, kommen dahinten nicht die Postreiter des Mainzer Erzbischofs? Wir fabulieren noch eine gute Weile über das, was auf diesem historischen Boden schon alles geschehen sein mag. Spannend, wenn Geschichte einen Ort hat.

Was soll denn das: Mitten im Wald eine Terrasse?

Vor langer Zeit, als ganz Europa von einem mächtigen Eispanzer überzogen war, wurde unsere heutige Landschaft geformt. Das Flussbett des Mains verschob sich weit. Als sich das Eis zurückzog, weil es in unserer Gegend wärmer wurde, blieb die langgestreckte Acht-Kilometer-Geländestufe der Kelsterbacher Terrasse als ehemaliges Mainufer übrig. Im Frankfurter Stadtwald gibt es außer ihr keine großen Abhänge. Als die Winter noch kälter waren und lange Schnee lag, wurde hier auf der Rodelschneise sogar Schlitten gefahren. Ungefähr 15 Meter geht es in die Tiefe, das gibt schon ordentlich Schwung. Weil das ehemalige Hochufer immer schön trocken war, leben hier schon sehr lange Menschen. Ihre Toten bestatteten sie vor Jahrtausenden in Hügelgräbern. Archäologen gruben Scherben und andere Überreste aus, um zu erforschen, wie die Menschen damals lebten. Die älteste bekannte Straßenverbindung Frankfurts verläuft auf der Terrasse, sie heißt Grenzschneise.

Bald darauf schmiegt sich die **Lichtetalschneise** in den Abhang. Zum Glück ist der Wald beschriftet. Eine Tafel informiert, dass hier 1881 Kies und Sand für die Aufschüttung des Frankfurter Hauptbahnhofs abgebaut worden ist. So erklärt sich die Senke, das breite Tal führt hinunter über die **Langschneise** zum Ziel unserer zweiten Rast. „Ist doch gut, dass überall diese Info-Dingsbums-Dinger rumstehen“, amüsieren sich die Kinder über den Lesedrang der Eltern. „Ja klar, wir können auch nicht alles wissen“. Das Gelesene verpacken wir in kleine, spannende Geschichten. Ist doch toll, Landschaft mit dem Wissen aufzuladen, warum es hier aussieht, wie es aussieht.

Um möglichst viel Sonne abzubekommen, wollen wir uns mit unseren Decken mitten auf der großen Grasfläche niederlassen. „**Steinigte Wellen**“ haben wir als Flurnamen auf der Karte gesehen. „Hä, was soll denn das sein, liegen da Hinkelsteine?“. Asterix und Obelix spielen im Moment eine große Rolle, die Kinder haben die Hefte gerade entdeckt.

„Keine Ahnung, wir müssen nachschauen." So wird auch der schnurgerade Weg zu den Wiesen eine erwartungsfroh zurückgelegte Strecke. Ein klein wenig nach rechts, über die **Agendawaldschneise** drüber, und da wogen sie auch schon, die „steinigten Wellen". Zum Glück hat das nichts mit Steinen zu tun, weich und ein wenig feucht liegen die ausgedehnten Wiesenflächen in der Frühlingssonne. Ein Ball muss mit dabei sein, eigentlich immer. Wir verteilen uns zu einem lockeren Kreis. Werfen im hohen Bogen, pfeffern auch mal gezielt härter, spielerisches Ausprobieren der eigenen Kraft und Rücksicht nehmen auf die Kleinen, die noch nicht so gut fangen können. Frühlingsspaß pur. Erschöpft sinken wir danach ins Gras. Und nun gibt es die zweite Picknick-Runde. Bei Wanderungen geht es um die Balance. Strecke zurückzulegen ist nicht der Zweck. Der Mix muss stimmen, Bewegung, spannende Entdeckungen, fabulierendes Spazieren, Quatsch machen, rennen, verstecken, das ist das Besondere am „im Laufen die Welt entdecken". Und dafür ist diese Tour wunderbar geeignet.

Frankfurts größte Waldwiese ist Spielfeld, Sonnenwiese und Picknickplatz.

Distanz: 7 km
Gehzeit: 1:50 Std.
Charakter: gut gemischt
Kinderwagen: ja

Im Zeichen des Wassers

Zwischen Lämmerspiel und Dietesheim

Da will ich hin, wie komm ich hin?

ÖPNV: Ab Frankfurt Zentrum mit der S8 und S9 bis zur Haltestelle Mühlheim-Dietesheim. Von dort zum Lokal „Zum Grünen See Eck" sind es etwa 15 Minuten zu Fuß. Hier geht man die Tour in umgekehrter Reihenfolge, startet also an den Seen und gelangt danach zu den Lämmerspieler Wiesen.

Auto: Von der B45 kommend die Ausfahrt Steinheim/Lämmerspiel nehmen und nach rechts in Richtung Lämmerspiel abbiegen. Der Parkplatz befindet sich nach etwa 1,7 Kilometern auf der linken Straßenseite. Aus Richtung Frankfurt/Offenbach kommend über die B448 nach Lämmerspiel fahren und der Beschilderung nach Steinheim folgen. Etwa 1 km nach dem Ortsausgang befindet sich der Parkplatz auf der rechten Seite.

Spannender Kontrast: mal viel, mal sehr wenig Wasser

Durch den Kontrast zwischen den trockenen Wiesen am Lämmerspieler Gailenberg und dem Wasserreichtum der Dietesheimer Seen entsteht ein ganz natürlicher Spannungsbogen. Beide Landschaften, über Jahrhunderte von Menschenhand verändert und geprägt, sind Heimat sehr unterschiedlicher und teils seltener Pflanzen und Tiere, deren Erhalt uns am Herzen liegen sollte. Zahlreiche engagierte Bürger der angrenzenden Gemeinden kümmern sich seit Jahrzehnten um den Erhalt und Ausbau dieses Juwels. Ein Ausflug im Zeichen des Wassers.

Romantische Szenerie mitten im Wald: die Steinkautenbrücke ist Teil eines alten Handelswegs.

Ausflugsziele nahe Hanau? In der telefonischen Abstimmung unserer nächsten Wanderrunde setzen wir uns zum Ziel, eine schöne Tour nahe der Brüder-Grimm-Stadt zu finden. „Die Seen bei Dietesheim", „die Streuobstwiesen bei Lämmerspiel", schallt es nahezu zeitgleich aus beiden Enden der Leitung. Wir diskutieren ein wenig, recherchieren, dann steht fest: Geht auch beides zusammen!

Unser Startpunkt ist der Waldparkplatz zwischen **Lämmerspiel** und **Steinheim**. Wir überqueren die Straße und halten uns Richtung Norden. Nach etwa 150 Metern durch märchenhaft illuminierten Laubwald überqueren wir eine steinerne Brücke, rechts davon erkennen wir Spuren eines **Kleinststeinbruchs**, in dem Kinder ohne Absturzgefahr herumtoben können. Gerne würden wir ein wenig mehr erfahren zum Steinbruch, zur Brücke, zum Weg. Und siehe da, eine Infotafel an der Brücke bringt Licht ins Dunkel: Die **Steinkautenbrücke** soll im 18. Jahrhundert entstanden sein und führte bis in die 1970er Jahre über einen Bach, dessen Quelle damals noch gut sichtbar oberhalb der Brücke aus dem Erdreich sprudelte. Aus den Basaltsteinen der Steinkaute wurde nicht nur unsere Brücke erbaut, sondern auch etliche Gebäude im nahen Lämmerspiel. Gegen 1875 wurde der Abbau dort schließlich aufgegeben. Das Basaltgestein wird uns aber im zweiten Teil unserer Wanderung wieder begegnen.

Historisch verbürgt und dennoch fast neu: unser Weg vom Parkplatz zur Streuobstwiese. Über Jahrhunderte soll hier eine **Handelsroute** aus dem Spessart bis nach Frankfurt und Mainz geführt haben. Erst 2018 wurden diese 150 Meter des sogenannten **Wingertswegs** wieder gangbar gemacht. Und plötzlich entfaltet sich vor unseren Augen eine weite, sanft ansteigende Landschaft im Licht der Frühlingssonne, die uns gleichermaßen vertraut wie fremd vorkommt. Vertraut, weil man als Ausflugsprofi schon einige Streuobstwiesen

Der Bodenaufbau am Gailenberg

Verantwortlich für den ungewöhnlichen Bewuchs des Gailenbergs ist der Aufbau des Bodens. Unter unseren Füßen befindet sich eine bis zu 18 Meter starke Basaltschicht. Eben jenes Material, das in den gefluteten Steinbrüchen nördlich der Streuobstwiesen abgebaut wurde. Basalt ist das am häufigsten auf der Erde vorkommende Gestein und entsteht durch abkühlende Lava. Die Basaltschicht, die uns hier trägt, ist vor rund 15 Millionen Jahren entstanden und stammt möglicherweise von der Eruption eines Vogelsbergvulkans. Vor rund 10.000 Jahren wurden die bis zu 2,5 Meter dicken Sandschichten von den Mainterrassen herangeweht, in der Folge bildete sich die dünne Humusauflage. Diese sorgt für ideale Bedingungen für Pflanzen, die nährstoffarmen, trockenen Boden lieben. Da der Gailenberg zu den wärmsten und trockensten Gebieten Hessens zählt, konnte sich hier diese seltene Pflanzengemeinschaft, bestehend aus Silbergras und weiteren seltenen Arten, bilden.

Dünenlandschaft am Gailenberg mit mächtiger Kiefer.

gesehen hat. Fremd, weil die Vegetation am Boden – je weiter man auf das Plateau zugeht – mehr nach Steppe oder Stranddüne aussieht als nach Wiese.

Der Eindruck verstärkt sich, je näher man dem höchsten Punkt (170 Meter) des **Gailenbergs** kommt. Die Vegetation wird spärlich, immer mehr purer Sand kommt zum Vorschein und das Farbspiel der Bodendecker wechselt von grün ins rotbraune. Eine alte, windgebeugte Kiefer mit einigen abgestorbenen, vertrockneten Ästen verstärkt noch den Eindruck – fast wie in einem alten Westernfilm. Prompt bekommen wir Durst. Bei aller Kargheit fasziniert diese einzigartige Landschaft, die wir in unserer Region nicht vermutet hätten.

Noch Anfang der 1970er Jahre drohte dem Gelände das gleiche Schicksal wie vielen anderen Streuobstwiesen: hoher Aufwand und geringe Erträge machten sie unrentabel in der Bewirtschaftung. Traubenkirsche, Ginster und Birke überwucherten die Fläche zu weiten Teilen. Der Schutzgemeinschaft Deutscher Wald und deren örtlichen Mitgliedern ist es zu verdanken, dass dem Gailenberg ein zweites Leben ermöglicht wurde. Mit Unterstützung der Stadt Mühlheim und engagierter Behörden gelang es, das Gelände zu entbuschen und eine über viele Jahre laufende Pflanzaktion für Obstbäume ins Leben zu rufen.

Bei unserem Ausflug im späten Frühling erkennen wir vor allem **Apfelbäume**, darunter viele alte Sorten, wie Rheinischer Bohnapfel, Goldparmäne oder Gestreifter Matapfel. Daneben finden sich **Zwetschgen-, Kirsch-** und **Mirabellenbäume** sowie **Maronen-** und **Walnussbäume**. Auch der von vielen Apfelweinliebhabern geschätzte Speierling ist hier vertreten. Einige **Kiefern** und **Eichen** lockern das Gesamtbild auf.

Eine weitere historisch verbürgte Tradition auf dem warmen Hügel wurde vor etwa 30 Jahren wieder aufgenommen: Seit dem späten Mittelalter wurde hier Wein angebaut, der Name des Weges über die Steinkautenbrücke – Wingertsweg, also Weinbergsweg – deutet bereits darauf hin. 99 Weinstöcke der Sorte Weißer Burgunder hegt und pflegt die Interessengemeinschaft der **Lämmerspieler Weinbau-**

Fataler „Emser Beschluss"

Der Bestand an Streuobstwiesen in Deutschland ging zwischen 1950 und 2008 um mehr als 75 Prozent zurück. Das vorläufige Schicksal dieser einzigartigen Kulturlandschaften wurde mit dem „Emser Beschluss" des Bundesernährungsministeriums vom 15. Oktober 1953 besiegelt: „Für Hoch- und Halbstämme (wird) kein Platz mehr sein. Streuanbau, Straßenanbau und Mischkultur sind zu verwerfen". Zudem wurden bis 1974 sogar Rodungsprämien für Hochstammobstbäume durch die Europäische Gemeinschaft, Vorläufer der heutigen EU, gezahlt.

ern am südlichen Rand des Areals und bringt damit bis zu 220 Liter Qualitätswein hervor, gutes Wetter vorausgesetzt. Etwa zum Ende des Dreißigjährigen Kriegs wurde der Weinbau zusehends vom Obstanbau verdrängt, als Ursache wird eine länger währende Kälteperiode, kleine Eiszeit genannt, vermutet.

Tief beeindruckt von der Vielfalt am Gailenberg laufen wir weiter in nordöstliche Richtung und in den angrenzenden Wald. Schon nach wenigen Metern erleben wir hier ein „blaues Wunder“: In tiefem Blau erstrahlt vor uns der **Oberwaldsee**, Teil des Mülheimer Naherholungsgebiets **Dietesheimer Steinbrüche**. Insgesamt sieben Seen umfasst das beliebte Ausflugsareal, das erst durch starke Eingriffe von Menschenhand entstehen konnte. Bis 1982 wurde hier großflächig Basalt abgebaut, welcher für die steilen und teils bizarr anmutenden Felsformationen sorgt. Die Seen entstanden dabei auf natürliche Weise, indem sich am Grund der Steinbrüche Grundwasser sammelte. Für die Renaturierung der Fläche wurden mehr als 100.000 Bäume gepflanzt, die längst ein stattliches Maß erreicht haben und im Sommer willkommene Schattenspender sind.

Streuobstwiesen für Biodiversität

Streuobstwiesen sind eines der artenreichsten Biotope Deutschlands und ein wichtiger Bestandteil für die Erhaltung der Biologischen Vielfalt. Auf Ihnen leben bis zu 5.000 Tier- und Pflanzenarten. Den größten Teil der dort lebenden Tierarten nehmen Insekten wie Bienen, Hummeln, Wespen, Schmetterlinge oder Käfer ein. Durch ihr Totholzreichtum und die darin befindlichen Höhlen finden hier eine Vielzahl von Vogelarten und Säugetieren Unterschlupf. (Quelle: www.biologischevielfalt.hessen.de)

Wir umrunden die beiden größten Seen, den **Oberwaldsee** und den **Vogelsberger See**, und sind fasziniert von den Blickachsen, dem wechselnden Farbenspiel von Laub und Wasser im Licht der noch tiefstehenden Sonne. Hier kann man sich einfach nicht satt sehen, so beeindruckend wirken die Kontraste aus ruhiger Seeoberfläche und den schluchtartig abfallenden Felswänden. Schließlich stehen wir auf dem Highlight der Seenlandschaft, der 14 Meter über dem Wasserspiegel befindlichen **Canyon-Brücke**. Welch spektakulärer, für das Rhein-Main-Gebiet sicherlich einzigartiger Blick sich hier bietet!

Schaf sei Dank: Die Wiederkäuer sorgen für eine extensive Grünpflege und natürliche Düngung.

Nicht nur Kinder verspüren bei diesen Temperaturen die magische Anziehungskraft des Wassers, auch wir wären einem Sprung ins kühle Nass nicht abgeneigt. Die zahlreichen Hinweisschilder auf das im gesamten Seenbereich geltende Badeverbot lassen uns der Versuchung widerstehen. Gleichwohl hält sich nicht ein jeder Besucher daran. Vom Canyon aus umrunden wir den Oberwaldsee im Uhrzeigersinn und verzichten auf den Besuch des Restaurants **Zum Grünen See Eck**, dessen Terrasse fast über dem gleichnamigen See zu schweben scheint. Die Sonne steht schon recht tief und wir möchten noch einen weiteren Teil des Gailenbergs begutachten. Schnellen Schrittes machen wir uns auf den Weg, lassen das viele Wasser hinter uns. Über eine Streuobstwiese gelangen wir an das nordwestliche Ende des **Sandhügels**. Schon aus einiger Distanz vernehmen wir Schafsgeblöke, schließlich entdecken wir auch eine kleine Herde samt dazugehöriger Schäferin. Was denn die Aufgabe der Schafe hier auf dem Gailenberg sei, fragen wir und erfahren, dass diese extensive und schonende Art der Wiesenpflege perfekt sei für den empfindlichen Untergrund. Und wertvollen Dünger liefern die Schafe obendrein.

Gleich nebenan befindet sich eines von zwei **Wildbienenhotels** und Schautafeln, die einen Überblick über die Wildbienenarten in Deutschland geben und deren wichtige Rolle im Ökosystem Streuobstwiese. Im Gegensatz zu den Honigbienen, die in Sozialstaaten leben, sind die Wildbienen Einzelgänger und werden daher auch Solitärbienen genannt. Zu den weiteren Tieren, die man mit etwas Geduld hier beobachten kann, zählen die selten gewordenen und streng geschützten **Zauneidechsen, Spechte, Kleiber** oder **Baumläufer**.

Die Bäume am Waldrand werfen längst lange Schatten und es wird uns allmählich kalt. Höchste Zeit, die letzten Schritte zurück zum Parkplatz zu gehen. Ob Lämmerspieler, Dietesheimer oder Steinheimer – um diese beiden landschaftlichen Schmuckstücke sind sie allemal zu beneiden. Sie haben aber auch selbst großen Anteil am Erhalt und der Rekultivierung des Gailenbergs durch bewundernswertes bürgerschaftliches Engagement.

Einkehrmöglichkeit:
Zum Grünen See Eck, Hansteinweiher 75, 63165 Mühlheim am Main, www.see-eck.de

Nistmöglichkeiten für Vögel und Insekten sind an vielen Bäumen angebracht.

Kontrastlandschaft: Üppiges Blau am Oberwaldsee, dazu steile Basaltklippen.

Distanz: 6,5 km
Gehzeit: 2 Std.
Charakter: hochtourig
Kinderwagen: nein

Gipfelrast am Fernblickturm

Im Spessart bei Alzenau

Da will ich hin, wie komm ich hin?

ÖPNV: Mit den Regionalbahnen nach Aschaffenburg kommt man ab Frankfurt Hauptbahnhof in rund 30 Minuten nach Kahl am Main. Von dort nimmt man die Kahlgrundbahn bis zur Haltestelle Alzenau-Burg, die weitere neun Minuten benötigt. Tagsüber verkehren die Regionalbahnen im komfortablen Stundentakt.

Auto: Aus dem Rhein-Main-Gebiet nach Alzenau kommt man am schnellsten über die A45. Diese an der Ausfahrt Alzenau-Mitte verlassen und einmal durch den Ort in Richtung Michelbach fahren. Wir halten kurz vor dem Ortsausgang in der Märkerstraße. Man kann aber auch kurz zuvor rechts in die Straße „Zum Oberwald“ abbiegen, nach etwa einem Kilometer befindet sich ein ausgeschilderter Wanderparkplatz.

Einzigartiger Rundumblick entlohnt für Aufstiegsmühen

Der im Vergleich etwa zum Taunus so völlig andere Charakter des Spessarts fällt den meisten sicherlich auf Anhieb auf. Worin liegen die auffälligsten Unterschiede in Flora und Fauna? Warum der Specht das Wappentier des Waldes ist und warum sich der etwas mühevolle Aufstieg auf den Hahnenkamm lohnt, das ist dieser Tourenbeschreibung zu entnehmen.

Die Hirsche wurden leider nicht in freier Wildbahn fotografiert, sondern auf dem Gelände der ehemaligen Hausmetzgerei Hahnenkammhof. Die Kinder freut der Anblick dennoch.

Wer sich innerhalb des Rhein-Main-Gebiets in nahegelegene Wälder begeben möchte, wird dort stets auf eine Mischung aus Laub- und Nadelhölzern treffen. Im **Spessart** hingegen sucht man Nadelbäume wie Kiefern oder Fichten meist vergeblich. Das Bild vom Spessart als finsterer, von Räubern bewohnter Wald ist nicht zuletzt auf den Bestand an **Buchen** und **Eichen** zurückzuführen. Als waldreichstes Mittelgebirge Deutschlands ist er zudem dünn besiedelt: Größere Städte befinden sich nur an seinem Rand. Aber keine Sorge, statt auf Unholde werden wir heute nur auf eine Vielzahl anderer Ausflügler treffen, denn der **Hahnenkamm** ist ein lohnendes und sehr beliebtes Wanderziel. Auch auf rasantere Zeitgenossen ist besonders zu achten: Seit einigen Jahren befinden sich rund um den Hahnenkamm ausgewiesene Mountainbike-Trails. Die „Kammtrails sind ein legales und modulares Trailnetz im Hahnenkammgebiet, das die umliegenden Ortschaften über Trails der verschiedenen Schwierigkeitsstufen mit dem Hahnenkamm verbindet", informiert die Website der Hahnenkamm Trail AG (www.kammtrails.de).

Es ist ein herrlicher Tag, den wir uns für unsere Wanderung ausgesucht haben, der Frühling zeigt sich in seiner ganzen Pracht, die Sonne strahlt mit den Kindern um die Wette. Es gibt auch durchaus Touren, auf die sie gerne verzichten. Sobald es aber ordentlich bergauf geht, am Gipfel gar eine Rast im urigen Gasthaus lockt, dann geht es auch mal ohne alpine Ansprüche. Wir starten also in Nähe der **Burg Alzenau**, die auch selbst ein attraktives Ausflugsziel ist (siehe Infokasten S. 40).

Von unserem Parkplatz am Straßenrand halten wir uns rechts und laufen in südlicher Richtung, biegen an der Kreuzung in den zweiten Weg nach links ab und folgen diesem für den nächsten Kilometer. Rechts von uns befindet sich bereits der **Krebsbach**, dem wir weiter folgen werden. Noch aber versteckt er sich hinter einigen Schrebergärten. Sogleich zieht aber ein gutes Dutzend **Hirsche** unsere Aufmerksamkeit auf sich. Diese sind jedoch nicht außergewöhnlich (und unnatürlich) zutraulich, sie befinden sich schlicht auf einem großzügigen eingezäunten Areal. Wie wir später auf dem Rückweg erfahren werden, gehören sie

Im Spechtswald

Der Name Spessart ist vermutlich eine Kombination aus den Worten Specht und Haardt, wobei letzteres für Bergwald steht. Somit ist das Mittelgebirge zwischen Aschaffenburg und Würzburg nichts anderes als der Wald der Spechte. Im Spessart leben nicht nur sieben Spechtarten, darunter Bunt-, Schwarz-, Grün-, Grau- und Mittelspechte. Viele andere Vogelarten, wie Raufuß- und Steinkäuze, Wespenbussarde oder Rotmilane sind im Spessart anzutreffen. Auch Eisvögel und Schwarzstörche kann man mitunter an Bächen und in Tälern entdecken.

Der erste Teil der Wanderung führt uns entlang des Krebsbaches. Dieser ist an zwei Stellen hintereinander zu kleinen Teichen aufgestaut.

zum ehemaligen **Hausmetzgerladen Hahnenkammhof**. Einmal im Monat kann man hier Damwild erwerben, die Termine werden auf Anfrage bekanntgegeben (www.hahnenkammhof.de).

Wir möchten aber gerne wilde Tiere sehen – und Höhenmeter sammeln. Die noch tief stehende Frühlingssonne verstärkt den Kontrast zwischen dem links von uns auftauchenden Wald und der offenen Landschaft mit ihren vereinzelten **Streuobstwiesen** auf unserer rechten Seite. Dort begleitet uns nun auch der **Krebsbach** und geleitet uns in den Schatten spendenden Spessartwald hinein.

Welch ein Gezirpe und Gezwitscher! Noch dominanter aber das Klopfen der Spechte – wer kann einen sehen? Wie immer ist die Kamera genau dann nicht einsatzbereit, wenn man ein großartiges Tier, in diesem Fall einen **Schwarzspecht**, erspäht hat. Ohnehin gilt: Wer mit einem Hund in den Wald geht, sollte sich nicht allzu viel Hoffnung auf ein lebendiges Motiv vor der Kameralinse machen. Wir hocken uns an den Rand des ersten von zwei vom Krebsbach gespeisten Teichen und beobachten das bunte Treiben: **Libellen** schwirren, **Wasserläufer** wandeln scheinbar schwerelos übers Gewässer, die Kinder suchen nach **Kaulquappen** – und werden fündig!

Dass wir uns hier am westlichen Rand des Spessarts nicht nur auf botanisch und zoologisch interessantem Terrain bewegen, haben wir bereits vor dem Ausflug recherchiert: Oberhalb der beiden Teiche, in nördlicher Richtung, lassen sich auf dem Bergsporn die Reste einer mittelalterlichen Burg ausmachen. Die aus zwei Vorburgen und einer Hauptburg bestehende **Randenburg** wurde um 1175 von einer Adelsfamilie aus Alzenau errichtet. Ein langes Leben war ihr nicht beschieden: Schon 1266 wurde sie wohl auf Geheiß des Mainzer Kurfürsten Werner von Eppstein niedergerissen.

Nachhaltiges Forsten seit Jahrhunderten

Nein, auch der Spessart ist kein Urwald, in dem die Natur sich selbst überlassen ist. Im Gegenteil: Die Bewohner des Spessarts leben und wirtschaften seit Jahrhunderten in, mit und für ihren Wald. Aufgrund der wenig fruchtbaren Böden ist das Gebiet für Landwirtschaft kaum geeignet, umso bedeutender ist der Wald als Rohstofflieferant für die Glasherstellung, Mühlen, Köhlereien oder den Bergbau. Die nachhaltige Bewirtschaftung des Waldes war (und ist) prägend für den Spessart und die Existenz der Bevölkerung. Schon im 13. Jahrhundert sorgte eine Forstverwaltung für eine kontrollierte Holznutzung und Bejagung des Wilds. Spezielle Nutzungspläne sollten sicherstellen, dass die Forstbestände nachhaltig genutzt werden. Rund 60 Prozent der Bäume im Spessart sind Buchen, einige rund 200 Jahre alt. Unter den Eichen befinden sich sogar Exemplare, die bis zu 800 Jahre alt sind.

Als deutlich langlebiger erwies sich ein weiteres Bauwerk, gleich auf dem Nachbarhügel: Die **Vergessene Burg** soll vom 10. bis Ende des 15. Jahrhunderts existiert haben, weiteres ist über sie jedoch nicht bekannt. Auch hier spricht man bei den Überresten von einem Burgstall, da keine Mauern mehr erhalten sind und häufig nur die Geländestruktur die Existenz der Burg beweist. Möglicherweise führte entlang des Krebsbachs ein frühmittelalterlicher Handelsweg. Wir beschließen, beide historischen Orte ein andermal aufzusuchen, wir haben schließlich noch zahlreiche Höhenmeter vor uns.

Mit Rittersagen lassen sich unsere Kinder nicht mehr allzu lange in den Bann schlagen, der Gipfel und das Gasthaus sind das Ziel. Die großen Eichen und Buchen spenden mit ihren frischen, zartgrünen Blättern Schatten und machen die steileren Passagen erträglich. Wir verlassen nun das Krebsbachtal und biegen an der Markierung mit dem roten Querbalken nach links ab. Durch lichte Laubwälder geht es stetig in nordöstlicher Richtung bergauf. Von dem lockeren Geplauder der ersten Kilometer ist kaum mehr übrig als ein atemloses Keuchen, die „Übergangsjacken" sind längst ausgezogen. Ein Großteil der 280 Höhenmeter unserer Wanderung sind hier auf einmal zu absolvieren. Und dann, fast unerwartet, taucht vor uns schemenhaft ein Gasthaus, dahinter ein adretter Aussichtsturm auf. Wir sind auf dem **Gipfel des Hahnenkamms**, aber immer noch nicht ganz oben: Den Aufstieg auf den 19 Meter hohen, 1880 errichteten **Ludwigsturm** mit seiner herrlichen Rundumsicht auf Spessart, Odenwald, Rhein-Main-Ebene, Taunus und Vogelsberg lassen wir uns selbstverständlich nicht entgehen.

Rechte Seite: Wandernde sollten die Mountainbike-Strecke vom Hahnenkamm herab besser meiden.

Ebenso Pflichtprogramm: eine zünftige Brotzeit und ein kühles Radler. Da es einer der ersten Sonnentage des Jahres ist, herrscht im Berggasthof ein Andrang wie auf dem Jahrmarkt. Wir suchen uns lieber ein ruhiges Plätzchen im Wald. Noch sind die Tage recht kurz, zudem zeigt der Blick in Richtung Westen ein paar bedrohlich dunkle Wolken. Mit

Gewitter im Freien ist nicht zu spaßen, wir machen uns daher zügig an den Abstieg.

Nach rund 150 Metern auf unserer Aufstiegsroute biegen wir rechts ab, danach die nächste Möglichkeit links. In zügigem Tempo geht es auf schmalen Pfaden und teils über umgestürzte Bäume stetig bergab. Das Grollen kommt näher, der Wind wird böig, die ersten Regentropfen fallen. Wir nehmen weiter Fahrt auf in der Hoffnung, das Auto zu erreichen, bevor das Gewitter richtig über uns ist. Rennend absolvieren wir den letzten Kilometer und erreichen den Parkplatz – triefend nass. An Natur- und Tierbeobachtung war beim Abstieg nicht mehr zu denken, und doch wird uns der Ausflug in den Spessart in guter Erinnerung bleiben.

Einkehrmöglichkeit: Berggasthof Hahnenkamm, Haus 1, 63755 Alzenau, www.berggasthofhahnenkamm.de

Burg Alzenau

Burg Alzenau liegt auf einem Hügel in nordöstlicher Richtung oberhalb der Altstadt. Die um 1400 erbaute Festung gilt als eines der schönsten Bauwerke spätgotischer Profanarchitektur Frankens. Zum Bekanntheitsgrad haben Veranstaltungen wie die „Burgfestspiele Alzenau" und die „Fränkischen Musiktage" in den vergangenen Jahren erheblich beigetragen.

Der Untere Burghof ist tagsüber jederzeit allgemein zugänglich, der Obere Burghof wird bei Veranstaltungen geöffnet. Der Palas wird für Veranstaltungen und Führungen geöffnet, individuell nach Anmeldung an der Stadt-Info im Rathaus. Gruppenführungen bis 15 Personen kosten 25 Euro. Jede weitere Person (bis max. 25 Personen) kostet 2 Euro. www.alzenau.de

Rechte Seite: Am Gipfel angekommen, entschädigt der Blick vom Aussichtsturm und eine Rast im Gasthaus.

Distanz: 7,6 km
Gehzeit: 1:50 Std.
Charakter: etwas Kondition ist gefragt
Kinderwagen: bedingt

Billtalrunde mit Wasserfall

Zwischen Königstein und Glashütten

Da will ich hin, wie komm ich hin?

ÖPNV: Ab Frankfurt-Hauptbahnhof mit der S5 oder der Königsteiner Bahn (RB12) bis zum Bahnhof Königstein. Von dort fahren mehrere Buslinien (57, 60, 80, 81) die Haltestelle Königstein-Friedhof an. Dort dem Straßenverlauf auf der linken Straßenseite am Friedhof entlang folgen. Nach 400 Metern wieder über die Straße und nach rechts in den Tillmannsweg abbiegen. Am Parkplatz beginnt unsere Tour.

Auto: Aus Richtung Glashütten über die B8 kommend biegen wir kurz vor dem Ortsschild nach links in den Tillmannsweg. Aus allen anderen Richtungen am Königsteiner Kreisel die B8 in Richtung Glashütten nehmen und bis zum Ortsausgang fahren. Die nächste Abzweigung rechts ist der Tilmannsweg, dort parken wir auf dem beschilderten Wanderparkplatz.

Ein Berg- und Talausflug

Abwechslungsreicher Ausflug in den Taunus, der je nach Motivation und Kondition auch um die Gipfel von Speckkopf (526 m) und Romberg (541 m) ergänzt werden kann. Der Reiz dieser Tour besteht in dem Wechsel zwischen Wald, Wildblumenwiesen und einem verwunschenem Weg entlang des Rombachs, der kurz darauf viele Meter ins Tal hinabstürzt. Das Billtal zeichnet sich besonders durch seine Vielfalt an Pflanzen und Tieren aus, die hier einen gut geschützten Naturraum vorfinden.

Diese Taunuswanderung nördlich von Königstein führt uns zunächst unterhalb des **Speckkopfes** durch Waldgebiet nach Norden, bis wir auf der Passhöhe **Eselsheck** zum **Billtal** hinabsteigen. Zunächst geht es ein wenig durch Hain und Flur, bis wir dem Verlauf des **Rombachs** folgen. Abschließend geht es einmal um den Romberg herum und entlang des nördlichen Stadtrands am **Königsteiner Friedhof** vorbei zum Parkplatz.

Machen wir uns erst einmal auf in den Wald. Heute spielt das Wetter mit, es ist etwas wolkig, aber auch die Sonne zeigt sich hin und wieder. Zuletzt hatte es viel geregnet, was einer Wanderung hier durchaus entgegenkommt. Tümpel und Gräben am Wegrand sind gut gefüllt, Blumen und Gräser stehen gut im Saft und Insekten schwirren und surren quirlig durch die Luft. Auch die ersten **Schmetterlinge**

Heilklimapark Hochtaunus

Am Parkplatz im Tillmannsweg befindet sich einer der Zugänge zu Deutschlands erstem Heilklimapark. Dieser wurde im Jahr 2005 eröffnet und befindet sich zwischen den Kommunen Oberursel, Königstein und Schmitten im Gebiet des Großen Feldbergs. Grundlage für Ausweisung als Heilklimapark sind unter anderem Messungen des Deutschen Wetterdienstes gewesen, durch die etliche klimatische Standortvorteile dieser Mittelgebirgslage belegt wurden. Dazu zählen besonders Schonfaktoren durch Waldreichtum, die für geringe Temperaturschwankungen und wenig Wind sorgen, dagegen fehlen möglicherweise belastende Faktoren des Höhenreizklimas oder durch erhöhte Strahlung des Hochgebirges. Dies macht den Hochtaunus besonders geeignet auch für Personen mit verminderter Belastbarkeit.
www.taunus.info/heilklima-park-hochtaunus/

zeigen sich. Gerade für kleinere Kinder beweist sich einmal mehr, dass die Natur der beste Spielplatz ist. Schon nach wenigen Hundert Metern legen wir die erste – eher unfreiwillige – Pause ein: ein kurzes Platschen und deutliche Wellen im Wassergraben links von uns, schon schreien die Ersten: „Ein Frosch!" Wie der Blitz verteilen sich alle fünf Kinder, die uns heute begleiten, um den Graben, erste Stöcke werden vom Waldrand herbeigezerrt, um im Wasser und dem Ufer herumzustochern. Ein Frosch zeigt sich aber nicht. Dafür sind Wasserläufer, Schmetterlinge und andere Insekten zu beobachten.

Wo verstecken sich die Frösche? Die angehenden Naturforscher erkunden deren Lebensräume.

Der mutmaßliche Frosch führt aber zu einer weiteren Frage: „Gibt es schon Kaulquappen?", und „werden wir hier welche finden?" Ein Ausflugsprofi ist natürlich gewappnet, schließlich bietet der Spielwarenfachhandel auch eine breite Palette an kindertauglichen „Naturforscherutensilien" an. Die Kinder ziehen ein Schauglas mit Klappdeckel, einen kleinen Kescher sowie eine große Lupe aus dem Expeditionsrucksack in Tarnfarben. Früh übt sich, wer einmal in Humboldts Fußspuren wandeln möchte. Die Spannung steigt, als der erste

Manchmal nur ein Rinnsal: Nach Trockenperioden rauscht es nicht sehr am Billtalfall.

Fang im Glas landet, das von Hand zu Hand geht. Begeisterung macht sich breit, als nicht nur eine, sondern gleich fünf **Kaulquappen** gezählt werden, welch ein Erfolg! Nach etwas Zureden lassen sich die Forscher auch davon überzeugen, dass es besser ist, die kleinen Wesen aus der Ordnung der Froschlurche wieder zurück ins Wasser zu geben. Mama Frosch freut sich bestimmt auch über das Wiedersehen!

Wir gehen weiter, ohne nennenswerte Steigungen und stets in Hörweite zur viel befahrenen B8 den **Butterweg** entlang. Wer einen geringeren Lautstärkepegel bevorzugt, findet auf dem etwas höher und östlicher gelegenen **Staubesandweg** eine gute Alternative. Ambitionierte Wandernde nehmen dann noch den Speckkopf mit 526 Metern mit. Am Ende unseres Weges quert der **Lange Weg**, in den wir nach rechts einbiegen. Etwa 200 Meter später stößt der Staubesandweg von rechts zu uns und wir biegen leicht nach links ab. Nun befinden sich die eingezäunten **Schmittröder Wiesen** direkt zwischen uns und der Bundesstraße. Auf den ersten Blick wirken diese nicht besonders. Normale Wiesen eben. Dass wir hier auf eine sehr seltene und außer-

gewöhnliche **Pfeifengraswiese** blicken, ist erst allmählich in unser Bewusstsein gelangt. Diese Wiesen sind lediglich im Alpenvorland noch häufiger zu finden, auch in den Mittelgebirgen sehr selten und nur noch innerhalb von Naturschutzgebieten. Sie benötigen basenreiche Böden und sind besonders mager, feucht und artenreich (siehe Infokasten). Aber Achtung! Die Wiesen dürfen nicht betreten werden!

An der folgenden Weggabelung halten wir uns links (Wegweiser nach Glashütten) und nähern uns der **Hochtaunusstraße**. Kurz zuvor nehmen wir einen schmalen Pfad, der wiederum nach links abzweigt und wir gelangen direkt an die B8, die es nun zu überqueren gilt. Wenige Meter entfernt

Besondere Vegetation am Wegrand: Pfeifengraswiese und Niedermoor

Die Schmittröder Wiesen liegen auf über 500 Metern und befinden sich somit in der montanen Vegetationszone. Verglichen mit ähnlichem Gelände am 200 Meter tiefer gelegenen Opel-Zoo ist die Vegetation um zwei Wochen zurück. Der Artenreichtum dieser Wiese ist auf die Lage, die Beschaffenheit der Böden sowie die frühere regelmäßige Mahd im Frühherbst zurückzuführen. Das Schnittgut wurde dabei als Einstreu im Stall verwendet. Würde dieses auf der Wiese verbleiben und allmählich verrotten, käme es zu einem unerwünschten Nährstoffeintrag und binnen weniger Jahre würden sich viele Pflanzen zurückziehen und Sträucher und Bäume gewännen die Oberhand. Einige der Arten auf der Wiese sind: Breitblättriges Knabenkraut, Berg-Platt-Erbse, Kriechender Günsel, Buschwindröschen, Teufelsabbiss, Nelkenwurz, Hexenkraut, um nur einige zu nennen. Besonders charakteristisch für diese Wiesenart ist das namensgebende Pfeifengras.

Zwei Attraktionen im Wald: Die Josefskapelle und die Billtalfälle.

befindet sich die Bushaltestelle Eselsheck. Für eine kürzere Runde kann man auch hier aussteigen und das Billtal hinab wandern. Unser Weg führt uns aber in das **Billtal** hinab, den **Rombach** überqueren wir erstmalig nach etwa 200 Metern. Zuvor bemerken wir zu unserer Linken eine Wiese mit recht hohem Gras und dezenten **gelben Blüten**, dazwischen vereinzelt Orchideen – vermutlich **Fuchs' Knabenkraut** oder **Gefleckte Fingerwurz**. Unsere Nachforschungen ergaben, dass es sich hier um die **Eselswiese** handelt, ein sehr seltenes **Niedermoor**. Dieses zeichnet sich durch einen besonders hohen Nährstoffreichtum aus, der auf einen stetigen Wechsel aus Überflutung und zeitweiser Austrocknung zurückzuführen ist. Vogelfreunde können hier unter anderem **Bekassinen, Eisvögel** und **Kiebitze** beobachten.

Rund 100 Meter weiter biegen wir nach links ab und gehen in geringer Entfernung zum rechten Bachufer direkt auf ein sehr willkommenes Etappenziel zu: das **Naturfreundehaus Billtalhöhe**. Im sehr schönen Garten lassen wir uns nieder

und beobachten interessiert das quirlige Treiben auf der Campingwiese nebenan. Wir zücken ein paar liebgewonnene Begleiter unserer Ausflüge: Pflanzen- und Tierbestimmungsbücher aller Art. Die Kinder werden schnell unruhig, denn ihr Höhepunkt dieses Ausflugs kommt erst noch.

Also packen wir unsere Rücksäcke und gehen zielstrebig talwärts entlang des **Borgniswegs**. Obwohl dieser die Zufahrtstraße zu Zeltplatz und Gaststätte ist, zeigt sich der Bachlauf rechts des Weges hier besonders idyllisch. Dann zweigt ein erster Ast des Bachs nach rechts ab, später noch ein zweiter. Wir bleiben am verbleibenden Strang, den wir kurz vor einer Reihe kleinerer **Fischteiche** verlassen, um über den **Pionierweg** zur sehnsüchtig erwarteten Hauptattraktion hinabzusteigen. Und siehe da, wir haben Glück: Der Regen der vergangenen Tage sorgt für eine ordentliche Wassermenge, die zu Tale stürzt. Wir stehen auf einer Brücke, welche den

Der Rombach

Etwa vier Kilometer lang ist der Rombach, bis er sich westlich der Burg Königstein mit dem Reichenbach zum Liederbach vereinigt. Das Quellgebiet des Bachs liegt an den südwestlichen Hängen des Kleinen Feldbergs in einem Trinkwasserschutzgebiet. Die Wasserqualität soll ausgesprochen gut sein. Kurz nach dem Naturfreundehaus teilt sich der Bach in zwei Arme. Der nördlich gelegene Arm führt über einen Hangkanal und einige kleinere Fischteiche und fällt dann auf der Billtalhöhe über 50 Meter zu Tal. Nach langen Regentagen und bei Schneeschmelze vermag der Billtalfall durchaus Eindruck zu machen. Immer häufiger stürzt aber kaum oder gar kein Wasser den Abhang hinab. Unterhalb des Wasserfalls vereinigen sich beide Arme wieder und fließen weiter in Richtung Königstein.

kleinen Fall im oberen Drittel überquert. Für Kinder ist der **Billtalfall** auch ein schönes Kletterversuchsgebiet. In jede Richtung geht es hier zwar steil, aber nie gefährlich ausgesetzt nach oben oder bis an den Fuß des Wasserfalls hinunter und wieder hinauf.

Mit etwas Überredungskunst schaffen wir es, die Kinder dem Wasserfall zu entreißen. Wir haben noch einiges an Weg vor uns, also gehen wir noch für einen halben Kilometer weiter den Pionierweg entlang. Während wir in etwa auf gleicher Höhe bleiben, entfernt sich der Rombach im Tal immer weiter von uns. Übrigens: Weiter unten, am **Oberen Ölbergweg**, befindet sich eine bei der Bevölkerung sehr beliebte **Quelle**. Wohlschmeckendes, sauberes und

Königsteiner Wasser

Königstein ist nicht nur Luftkurort, sondern auch berühmt für sein exzellentes Wasser. Nicht wenige Königsteiner berichten davon, dass das Leitungswasser der Gemeinde aufgrund seines Geschmacks, der geringen Härte und der geringen, aber ausgewogenen Mineralisierung auch von Besuchern sehr geschätzt werde. So sehr, dass manche dieses literweise abfüllen und mit nach Hause nehmen. Seit Ende 2019 hat Königstein auch wieder eine eigene Wassermarke: Unter dem Namen Radius99 ist dieses als Quellwasser aus der Haderheckquelle im Umkreis von 99 Kilometern und nur in Glaspfandflaschen erhältlich. Nicht nur unter Königsteinern gibt es einen weiteren Wasser-Geheimtipp, die Nepomuk-Quelle. Sie befindet sich am Oberen Ölbergweg – also am Ende des Billtals – und besteht aus einem schlichten ummauertem Kunststoffrohr. Das Wasser dort soll sehr neutral sein – ideal für Tee oder Kaffee – und bietet einen unschätzbaren Vorteil: es ist kostenlos.

kostenloses Trinkwasser zum Selberabfüllen. Schließlich zweigen wir leicht links in den **Breulsweg** ab, der uns in einem sanften Bogen südlich um den 541 Meter hohen Romberg herumführt. Südlich des Weges kommt der Stadtrand Königssteins immer näher und weckt mit großen, eingewachsenen Gärten und eindrucksvollen Villen durchaus ein wenig Neid. Kurz bevor wir zum Friedhof kommen, befindet sich rechts noch eine kleine Kapelle, die unser Interesse erregt.

Entlang der Fahrstraße fließt der Rombach idyllisch und in Schlangenlinien.

Die kleine **Josefskapelle** wurde am 15. August 1909 mit einer feierlichen Prozession von der katholischen Pfarrkirche St. Marien zum Neubau eingeweiht. Bereits seit 1727 stand hier ein Vorgängerbau, der 1792 von Franzosen zerstört wurde. Die Kapelle, die bei Renovierungsarbeiten in den 1960er Jahren nochmals verändert wurde, steht heute unter Denkmalschutz. Im Inneren befindet sich ein Gemälde des heiligen Joseph des Frankfurter Malers und Restaurators Robert Hieronymi. Nur ein paar Hundert Meter trennen uns noch vom Parkplatz. Oberhalb des Friedhofs gehen wir auf die B8 zu und überqueren diese. Parkplatz in Sicht! Die Kinder stürmen zum Auto, während wir nach Hause fahren, fallen einem nach dem anderen schon die Augen zu.

Einkehrmöglichkeit:
Naturfreundehaus Billtalhöhe, Borgnisweg 1, 61462 Königstein, www.naturfreundehaus-billtal.de, Mo.-Fr. 12-18 Uhr, Sa., So. und Feiert. 11-18 Uhr

Distanz: 9,1 km
Gehzeit: 2:20 Std.
Charakter: anstrengend
Kinderwagen: bedingt

Psssst, nicht verraten! Die heimliche Wiese

Von Eppstein nach Eppenhain und drumherum

Da will ich hin, wie komm ich hin?

ÖPNV: Eppstein liegt an der Bahnlinie von Frankfurt nach Limburg. Deswegen hat das Städtchen auch einen schnuckeligen S-Bahnhof. Mit Bürgerbüro und Restaurant. Wir wollen aber in unser Wandergebiet. Das liegt auf der anderen Talseite. Ungefähr anderthalb Kilometer vom Bahnhof entfernt. Das verlängert die Tour um ungefähr 20 Minuten. Denn die Wanderung startet an den Parkplätzen des Schulzentrums.

Auto: Parkplätze stehen am Schulzentrum ausreichend zur Verfügung, natürlich nur am Wochenende und außerhalb der Unterrichtszeiten.

Eine Taunus-Runde voller Geschichten

Heute lassen wir unserer Fantasie freien Lauf. Diese Waldwanderung von Eppstein nach Eppenhain und retour ist eigentlich simpel. Hoch auf den Berg und wieder runter. Aber nicht langweilig, denn am Weg reihen sich wie auf einer Perlenkette eine Riesenfichte, ein ganz normaler und dabei ganz spezieller Teich und die heimliche Wiese auf. Und jede Menge Geschichten, die immer weitererzählt wurden. Und welche, die wir uns ausdenken. Wir tauchen in die Sagenwelt des Taunus ein. Denn auf dem Berg Rossert stand mal, wie gruselig, ein Teufelsschloss, ehrlich!

Regen? Och nö! Es tröpfelt nur noch ein wenig. Ein bisschen Sonne blitzt hinter den grauen Wolken hervor. Wir steigen aus dem Auto aus. Der Wochenendausflug stand auf der Kippe, aber die Hoffnung stirbt zuletzt. „Da ist es kalt und feucht, müssen wir da raus?", protestieren die Kinder und schauen entgeistert in den Wald, der direkt an den Parkplatz grenzt. „Na logisch, erstmal aufbrechen!" Die Eltern haben sich schon schlau gemacht. Eine knackige Tour steht auf dem Programm. Bis zum **Berg Rossert** geht es ständig berghoch. Klugerweise erzählen wir der Kinderschar nichts vom Höhenprofil der Wanderung.

Der Waldweg ist angenehm zu laufen, auch bei Nässe. Denn er ist nicht lehmig, sondern fein geschottert. Die Sohle macht den Unterschied. Mit griffigen Wanderschuhen macht so ein Weg Spaß. Naja, Spaß ist vielleicht übertrieben, man muss sich auch erstmal einlaufen. Aber es beginnt sich gut anzufühlen, die Pumpe geht, die Kinder laufen. Wasser gurgelt leise in dem Graben rechts daneben. Der Waldweg wird zum schmalen Pfad, alle schnaufen, keiner sagt mehr was. Wir keuchen bergauf. Einige Zeit später: Wir treffen ein älteres Wanderpaar, das entspannt den Berg hinunter geschlendert kommt. Ein Freundlicher Gruß, nette Leute. Sie erzählen ein bisschen. Dann haben sie noch einen guten Tipp für uns:

„Achtet darauf, ein paar Meter nach rechts im Dickicht, da steht eine besondere Fichte! Uralt, man schätzt sie auf 250 Jahre. Sie hat zwei Namen: „Brautfichte" oder „Lenztanne". Aber eine Tanne ist sie nicht, ein Nadelbaum ja, aber aus der Familie der gemeinen Fichte. Gemein, das heißt nix böses, das bedeutet nur, dass sie eine einfache Fichte ist. Aber eine sehr besondere einfache Fichte."

Das machen wir auf jeden Fall, denn die beiden Wanderer haben uns eine alte traurige Geschichte zu diesem Baum erzählt: Zur Zeit der napoleonischen Kriege musste ein junges Mädchen aus Eppstein noch vor der Hochzeit ihren Bräutigam ziehen lassen. Er wurde in die Armee gezwungen, als

Soldat. Das war gefährlich und ging für ihn nicht gut aus. Er starb in der Schlacht. Sie war untröstlich und erhängte sich mit ihrem Brautschleier an dem damals noch jungen Baum. Betroffen schauen die Kinder den mächtigen Stamm hinauf. Wir philosophieren darüber, ob der junge Mann sich auch im Wald hätte verstecken können, um nicht zur Armee zu müssen. „Das wäre doch eine gute Idee gewesen", meinen die Kinder. Wasser gibt es hier in Hülle und Fülle und einen Braten hätte er sich schießen können. Wild gäbe es schließlich genug, erläutern sie und deuten auf die **Wildschweinspuren** überall. So wird unser Weg durch den Taunus lebendig, mit den alten Geschichten, die am Wegesrand liegen. Neugierig beobachten uns dabei die zahlreichen Eichhörnchen.

Der kleine Weyer des Wellbach bietet eine ganze Wasserwelt und eignet sich für eine ausgiebige Rast.

Für die erste Rast haben wir uns den **Weyer des Wellbachs** ausgesucht, nicht allzu weit von der **Riesenfichte** entfernt. Der kleine Teich liegt am Wegesrand, er ist aufgestaut und dadurch auch ordentlich tief. Auch unsere Hündin ist begeistert. Sie liebt Wasser. Rennt aufgeregt hin und her. Und springt dann beherzt in die Fluten. Kommt wieder raus, springt wieder rein, ein Mordsspektakel. Auf einer Bank am Ufer sitzt ein Mann, praktisch gekleidet, ein „Freiluft-Mensch"

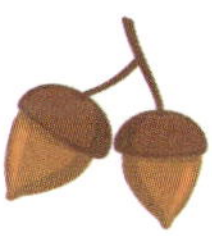

in Outdoor-Outfit und sieht lächelnd zu. Sein Hund schnüffelt hingegen an den Bäumen, schlappt entspannt umher und ist ganz gelassen.

Der „Weyer“ (so sein historischer Name auf der Karte) ist aufgestaut, er ist kein natürliches Gewässer, in der Mitte gibt es einen gemauerten Abfluss, der wie ein kleines Häuschen aussieht. Viele **Kaulquappen** sind im flachen Wasser am Ufer zu sehen. Wir haben Becher dabei und fischen die Kaulquappen aus dem Teich, schauen sie uns genau an und lassen sie wieder frei. Auf den zweiten Blick entdecken wir dann: Es gibt ein klitzekleines Mündungsdelta des Wellbachs am oberen Ende des Weyers. Da haben sich Steinchen angesammelt, ziemlich viele. Das Wasser ist in diesem Bereich ganz flach. Klar und sauber perlt der Bach. So lange, bis wir uns vorsichtig mit den Wanderschuhen hinein wagen. Erdbraun wirbelt das Sediment auf. Es ist faszinierend zu beobachten, wie der Teich auf der Bergseite langsam verlandet.

Zwischendurch fegt der Hund vorbei. Wassertropfen spritzen. Vorsichtig setzen wir Schritt vor Schritt. Das ist kein Sumpf, durch die Strömung des Wassers bleibt nur der feste Schotter liegen. Alle stehen beisammen und schauen sich diese schöne Bescherung an. Im Kleinen erkennt man das Große und wir kommen ins Gespräch über die großen Fluss-Mündungs-Deltas der Welt, das des Amazonas’ und das Schwemmlandgebiet des Ebro, wo der große spanische Fluss ins Mittelmeer mündet. Die Kinder gehen ein wenig am Ufer entlang, es wird matschig, sumpfig. Das ist genau der Bereich, wo offene Wasserfläche, kleines Bachdelta und die Sumpfzone des Teichs zusammenkommen. Es ist natürlich super, dass dieses kleine Gewässer kein abgesperrtes Naturschutzgebiet ist. Klar, wir machen nichts kaputt. Aber hier können wir die Natur erforschen, im Anfassen begreifen wir die natürlichen Prozesse.

Wir toben uns aus, bis es für uns Zeit wird, in die Gänge zu kommen und am Wellbach entlang Richtung **heimlicher**

Wiese zu stapfen. Der Name macht uns neugierig, doch so ganz heimlich ist diese Wiese nicht. Ein breiter Waldweg, **Alte Fischbacher Chaussee** genannt, führt am unteren Ende vorbei. Das ist ein Grenzweg, der die Gemarkungen **Eppstein** und **Kelkheim** voneinander trennt. Und natürlich geht auch der Pfad hoch nach **Eppenhain** an der ganzen Länge der Wiese entlang. Wir sehen Schilder: **Schinderhannes Steig**. Eingerichtet hat ihn der Naturpark Taunus. Übrigens: Bereits der Namensgeber des Pfades, der berühmt-berüchtigte Räuber Johannes Bückler, genoss die Reize des Taunuswaldes und schätzte diesen für seine Unberührtheit und Ruhe – und als Zufluchtsort. Das sind schöne Blicke, im Hintergrund die Taunusberge, im Vordergrund die herrlich große Bergwiese, in der Mitte sind Büsche zu sehen. Das ist das Quellgebiet des Wellbachs, er sickert aus der Wiese heraus. Es muss ein lehmiger Untergrund sein, eine „Feuchtigkeitssperre", wie ein Kind zu dozieren beginnt. Wir lachen überrascht: „Du klingst ja fast wie ein Naturkundelexikon", wird der Kleine grinsend geneckt. Das gefällt uns, die vielgestaltige Natur

In der Mitte der „heimlichen Wiese" befindet sich das Quellgebiet des Wellbachs.

lenkt von der Anstrengung des Weges ab. Alle beobachten aufmerksam, was um sie herum vorgeht und machen sich ihren Reim daraus. Auch zu der „Heimlichkeit" der Wiese denken wir uns eine wilde Geschichte aus.

Eine Idee von vielen: Taunus-Räuber und Viehdiebe raubten den Bauern Schafe und Kühe und versteckten sie auf dieser Wiese. Aber sie blieben nicht unbemerkt. Kinder aus Eppenhain entdeckten sie, schlichen sich nachts an das Lager heran. Dann stellten sie sich akrobatisch übereinander wie die Bremer Stadtmusikanten. Große schwarze Decke darüber, fertig war das Schreckgespenst für die Räuber. Riesenspektakel, das Entsetzen war groß, die Räuber flüchteten, die Kinder waren Helden.

So könnte es gewesen sein. Zufällig treffen wir im Wald Freunde: Wir hören ein leises Schnurren. Sehen über die Schulter nach hinten und da sind zwei E-Bike-Fahrer. Ach nee! Das ist immer eine schöne Überraschung im Taunus: Wir Wald-Flaneure treffen andere Städter und Bekannte, einfach so auf der Piste. Zufällig. Da kommt also ein Bekannter mit seiner Freundin lässig den steilen Berg hochgefahren. Sieht ziemlich mühelos aus. Beneidenswert. Das macht den Weg kurzweilig, und schon bald treten wir aus dem Wald hinaus.

Da liegt das Dorf **Eppenhain**, es gehört zur Stadt **Kelkheim**. An der Ecke der **Rossertstraße** steht ein schlankes Sandstein-Monument, das **Nickelskreuz**. In den Ort wollen wir nicht reinlaufen, eher drumherum. Kein Pflaster treten, sondern lieber Wanderpfad. Denn der Gipfel des Berges Rossert lockt mit Felsen und einer schönen Hütte. Immerhin 516 Meter hoch ist die bewaldete Kuppe.

Rechte Seite: Das Nickelskreuz ist ein altes Wegezeichen, wie man es im Taunus häufiger antrifft.

Für die Kinder ist vor allem der Name interessant: „Warum heißt der Rossert, was ist das für ein komisches Wort, hat das was mit Pferden zu tun?" Guter Gedanke: Ross-Kuppe gleich Rossert. Stimmt aber nicht. Namensgebend für den Berg ist eine Felsgruppe: **Rossert** leitet sich von einem alt-

hochdeutschen Wort für Steingeröll ab. Diese Felsformation war Ursprung einer mittelalterlichen Sage über ein Teufelsschloss auf dem Rossert. „Überall Geschichten“, lacht die Eine, hier lebt ja jeder Stein. „Dann erzählt mal, wie fängt die Teufelssage an?“ Der Jüngste mischt sich ein und improvisiert drauflos: „Da hockte der Luzifer schlecht gelaunt auf dem Berg in seinem Monsterschloss und die Leute haben sich nicht hier herauf getraut. Und irgendwann hat sich ein unschuldiges Mädchen verlaufen und weil sie so lieb war, konnte er ihr nichts tun. Dann hat er aus Frust seine Burg zerstört und mit einem riesen Schwefelschweif ging es hoch in die Wolken. Und wenn sie nicht gestorben sind, dann leben sie noch heute.“

So, nun gibt es erstmal was zu essen, danach folgt ein toller Blick Richtung Frankfurt. Aber Achtung, der Aussichtspunkt ist nicht gesichert, auf dem **Quarzitfelsen** ist Vorsicht geboten. Gerade wenn es feucht ist wie heute. Wir laufen noch weiter, Richtung der beiden Eppenhainer Türme, zum **Atzelberg**. Ein bisschen Sightseeing: Das Taunus-Dörfchen Eppenhain ist ein staatlich anerkannter Erholungsort. Gut so: Prima Luftqualität mit Brief und Siegel. Durchgangsver-

Der Atzelbergturm

Der mächtige Klotz aus den siebziger Jahren ist inzwischen stillgelegt, aber etliche Mobilfunkmasten sind auf den umlaufenden Galerien montiert. Unweit davon stand der nach einem Brand 2008 wieder errichtete Atzelbergturm, ein 31 Meter hoher Aussichtsturm. Er war aus Holz gebaut, und fiel schon wieder einem Feuerteufel zum Opfer. Aktuell ist ein neuer Turm geplant, diesmal aus Metall, aber es gibt in Eppenhain noch Streit um seine Form, etliche Bürger finden den kürzlich vorgestellten Entwurf schlichtweg hässlich.

Gut beschriftet: Die Viertelstundenbank erklärt natürliche Wachstumsprozesse anschaulich.

kehr gibt es nicht, den Ort erreicht man nur über eine einzige Straße, die dort endet. Leider gibt es kein Gasthaus weit und breit. Aber eine **Grillhütte** neben dem Atzelbergturm. Da muss die Wandergruppe aber einen großen Rucksack für die Grillkohle mit dabei haben. Auf dieser Tour führt an Rucksackverpflegung kein Weg vorbei. Es gibt einfach nichts zum Einkehren.

Der alte Ortskern, schön und gut, mit stilvoller Kirche und einem Neubaugebiet, vorwiegend zwischen 1950 und 1990 angelegt. Beide Teile des Dorfes sind durch ein kleines Wäldchen getrennt und nur durch zwei Straßen miteinander verbunden. Eppenhain ade. Wir sind schon durch und wieder bergab unterwegs. Der Berg Hainkopf liegt links von uns, ein federnder Pfad durch den Buchenwald macht den Weg leicht. Gut gelaunt die Kinderschar, entspannt die Eltern. Und wieder: Wellbach-Weyer, Wanderweg, fein geschottert. Da ist auch schon der Parkplatz: Ab ins Auto, alle müde, alle fröhlich. Und voller selbst gesponnener Geschichten.

Distanz: 9,8 km
Gehzeit: 2:30 Std.
Charakter: lang & flach
Kinderwagen: ja

Vier-Seenrunde in Stadtrandlage

Im Dreieck zwischen Offenbach, Neu-Isenburg und Sachsenhausen

Da will ich hin, wie komm ich hin?

ÖPNV: Von Frankfurt aus mit den S-Bahnlinien S1, S2, S8 oder S9 bis Offenbach-Marktplatz. Hier umsteigen in die Busse der Linie 106 in Fahrtrichtung Lauterborn Caritas/Buchrainweiher. An der Haltestelle „Merianstraße“ aussteigen und der Sprendlinger Landstraße noch für 300 Meter stadtauswärts folgen. Vor dem McDonalds rechts in die Seitenstraße bis zum Startort an der Kletterbar.

Auto: An der A661 nehmen wir die Abfahrt Offenbach-Taunusanlage und biegen an der nächsten größeren Kreuzung nach rechts in die Sprendlinger Landstraße ab. Nach 800 Metern vor dem McDonalds nach rechts abbiegen und in der Seitenstraße in der Nähe der Kletterhalle „Kletterbar“ einen Parkplatz suchen. Auch im weiteren Verlauf finden sich am Rand der Kleingartenanlagen in aller Regel noch freie Stellplätze.

Hitzefrei unter Baumkronen

Vom Offenbacher Buchrainviertel wandern wir auf überwiegend breiten Wegen bis zum Försterwiesenweiher im Frankfurter Stadtwald. Drei weitere Weiher liegen bei diesem Ausflug an unserem Weg, der fast ausnahmslos durch schattige Wälder führt. Er ist daher auch eine Empfehlung für hochsommerliche Temperaturen. Mangels Einkehrmöglichkeit sollte man bei dieser längeren Wanderung ausreichend zu trinken mitnehmen.

Hochsommer im Rhein-Main-Gebiet. Das Thermometer nähert sich der 30-Grad-Marke, die Sonne gibt ihr Bestes, kein Lüftchen weht. Und doch steht uns der Sinn mehr nach einer Wanderung als nach dem Besuch eines Badesees – zu viele Menschen. Wasser und Schatten wären schön, am besten beides zusammen. Wir werfen einen Blick auf die Wanderkarten und bleiben gewissermaßen schon fast vor unserer Haustüre hängen. Der Oberwald im **Frankfurter Stadtwald** bietet gleich mehrere attraktive Seen und durch den großen Bestand alter Bäume auch hinreichend Schatten. Kurzentschlossen basteln wir eine Tour zusammen, die uns von der westlichen Stadtgrenze **Offenbachs** bis zum **Försterwiesen-**

Was ist ein FFH-Gebiet?

Fauna-Flora-Habitat-Gebiete sind Schutzgebiete innerhalb der Europäischen Union für Natur und Landschaft. Durch den Schutz definierter Pflanzen- und Tierarten und deren Lebensräume soll der Artenschwund in den Kulturlandschaften gestoppt werden und die Vernetzung der Lebensräume erhalten bleiben. Oberster Grundsatz des FFH-Gedankens ist die Fortführung einer naturnahen und naturverträglichen Bewirtschaftung anstelle einer maximal ökonomischen Nutzung.

Für jedes FFH-Gebiet wurden Ziele definiert, die bereits bei dessen Ausweisung festgelegt wurden. Dabei genießt der Blick auf das zu schützende Gesamtgebiet oberste Priorität und wird durch Erhaltungsziele für die entsprechenden Lebensraumtypen (charakteristische, naturnahe Lebensräume) oder für die Schutzgüter (charakteristische Pflanzen- und Tierarten) ergänzt.

Das rund 300 Hektar große FFH-Gebiet im Frankfurter Oberwald erstreckt sich vom Jacobiweiher bis zur A661 bei Offenbach.

weiher führt. Nahezu das gesamte Gebiet ist aufgrund seines Artenreichtums und besonderer Landschaftstypen als Fauna-Flora-Habitat-Gebiet (FFH-Gebiet) ausgewiesen. Wir sind neugierig, was wir entdecken werden.

Wer ist die Schönste im ganzen Land? Drei Klatschmohnblüten sind in der engeren Wahl ...

Ein Parkplatz im Offenbacher Buchrainviertel ist rasch gefunden und wir schlängeln uns an zahlreichen am Straßenrand parkenden Autos vorbei in Richtung der A661. In den angrenzenden Kleingärten werden bereits vernehmbar die Holzkohlegrills angeworfen, jauchzende Kinder plantschen in Pools. Anschließend unterqueren wir die Autobahn und finden uns wenige Meter weiter bereits auf Frankfurter Gemarkung. Zu unserer Linken befindet sich der **Buchrainweiher**, dem wir aber erst auf unserem Rückweg einen Besuch abstatten wollen. Wir biegen stattdessen an der weiß-roten Holzschranke nach rechts ab und gehen den leicht ansteigenden Weg für gute Hundert Meter weiter, biegen dann links ab in den **Weiherweg**. Nach dem Passieren einiger Gartengrundstücke erfreuen wir uns an einer Wiese, aus der uns betörend roter **Klatschmohn** entgegenleuchtet.

Wir mussten leider draußen bleiben - die Grastränke ist nur an Sonn- und Feiertagen geöffnet.

Tatsächlich sind die Temperaturen hier im Wald erheblich angenehmer, zumal die hohen **Buchen** angenehm Schatten spenden. Dennoch bemerken wir auch hier anhand zahlreicher umgestürzter Bäume, dass die Trockenheit der vergangenen Jahre ihre Spuren hinterlassen hat. An der Kreuzung mit dem **Wolfsweg** gelangen wir in einem leichten Rechtsbogen auf den **Steinweg**, dem wir fast bis zur Überquerung der **Babenhäuser Landstraße** treu bleiben. Längst haben wir den Lärm der Autobahn hinter uns gelassen und freuen uns nun am Gezirpe von **Grillen** und vielfältigem Vogelgezwitscher. Zügig laufen wir in Richtung Süden, denn jenseits der Straße wartet unser erstes Ausflugsziel: das **Infozentrum Grastränke**.

Nach dem Betreten des südlichen Teils des Oberwaldes biegen wir nach rechts in die **Ebertschneise** und kommen nach wenigen Metern zu unserem Zwischenziel. Zu unserer Enttäuschung müssen wir jedoch feststellen, dass diese heute nicht geöffnet hat. Eine Hinweistafel unterrichtet uns immerhin, dass dort „mit Hilfe von ausgestellten Pflanzen und

Tieren sowie verschiedenen Nisthilfen Fragen zum Leben im Wald und zum praktischen Naturschutz behandelt" werden. Ehrenamtliche Naturschützer haben auf dem etwa vier Hektar großen Gelände einen kleinen sehenswerten **Natur-Lehrpfad** eingerichtet.

Gegenüber der Grastränke bemerken wir ein Stück **Auenwald** entlang des **Kesselbachs**, der Waldboden ist hier großflächig mit **Farn** bedeckt, der es besonders schattig und feucht liebt. Nun zieht es uns aber wirklich Richtung Wasser. Wir legen einen Zahn zu und gehen über den **Beckerweg** rasch auf den **Försterwiesenweiher** zu. Wir umrunden diesen und gehen zielstrebig zur ersten Bank des größeren **Kesselbruchweihers**. Endlich Trinkpause! Die beiden Seen sind wunderbar von Bäumen umsäumt, in der Mitte des Kesselbruchweihers befindet sich sogar eine kleine Insel. Da kommen regelrecht Urlaubsgefühle auf. Kinder können sich hier wunderbar ans Ufer setzen und **Enten** beobachten, im Un-

Was die Grastränke mit Bier zu tun hat

Bereits im Mittelalter wurde die natürliche Wasserstelle als Viehtränke für Rinder genutzt. Später brachen die Sachsenhäuser Brauereien das Eis des Teichs zur Bierkühlung während der Sommermonate. Die Grastränke verlandete, als das Eis nicht mehr benötigt wurde und wurde 1963 entschlammt. Die Grastränke als Teil des FFH-Gebiets „Frankfurter Oberwald" verzeichnet unter anderem Vorkommen des Feuersalamanders, Braunen Springfroschs und des Kleinen Wasserfroschs. Im von ehrenamtlichen Naturschützern betreuten Vogelpark an der Grastränke leben auch gefährdete Tierarten wie der Eisvogel und die Adonislibelle.
Öffnungszeiten: 1. April bis 15. Oktober 09.30–17.00 Uhr. Nur an Sonn- und Feiertagen.

terholz Stöcke suchen oder um die Seen herum wettlaufen. Wir hingegen sehnen uns nach etwas Ruhe und beobachten die Vögel. In der Mittagshitze scheinen aber auch diese lieber Siesta zu machen und zeigen sich nur sporadisch. Und dann entdecken wir doch, mitten auf der Insel, auf einem ins Wasser reichenden Ast einen stolzen **Graureiher**. Ob wir ihn bei der Jagd beobachten können? Ein paar Sekunden später erhebt er sich in die Lüfte und ist bald nicht mehr zu sehen. Offensichtlich war er schon satt.

Der Försterwiesenweiher wurde 1958 angelegt und nimmt einen Teil des Regenwassers der Autobahn A3 auf und wird zusätzlich von zwei Wassergräben gespeist. Der Kesselbruchweiher ist Ende der 1960er Jahre auf dem Gelände einer stillgelegten Kiesgrube angelegt worden. Nach ausgiebiger Rast umrunden wir beide Seen und folgen dann der **Kesselbruchschneise** in nordöstlicher Richtung. Der Begriff Schneise trifft es recht gut, denn hier könnten wir auch zu

Was kreucht und fleucht im Stadtwald?

Der Frankfurter Stadtwald, und damit auch der Oberwald, ist nicht nur ein beliebtes Naherholungsgebiet, er ist auch Heimat zahlreicher Tierarten, von denen etliche in ihrem Bestand gefährdet oder vom Aussterben bedroht sind. Unter den Insekten finden sich 376 Schmetterlingsarten, 30 Libellenarten und über 1.000 Käferarten. An Vögeln kommen hier etwa alle heimischen Spechtarten, Eisvögel, der Waldkauz oder der Schwarzmilan vor. An Säugetieren kann man im Stadtwald neben Rehen und Damwild auch Feldhasen und Rotfüchse beobachten und in stetig wachsender Zahl Wildschweine. Beeindruckend ist die Anzahl an streng geschützten Fledermausarten, darunter der Große Abendsegler, die Bechsteinfledermaus und das Große Mausohr.

zehnt nebeneinander gehen. Wir entscheiden uns für den Reitweg nebenan, denn Pferde sind weit und breit nicht in Sicht. Kurz vor der erneuten Überquerung der Babenhäuser Landstraße bemerken wir noch einige **Obstbäume** am Wegrand, die jeweils ein Namensschild mit dem Logo des Frankfurter Grünflächenamts tragen. Mehr als die Namen alter Apfelsorten, wie Sternapi und Holzapfel, konnten wir aber nicht in Erfahrung bringen.

Ausschau haltend am Kesselbruchweiher: Ist der Graureiher auf der Suche nach einem Nachmittagsimbiss?

Deutlich mehr als zwei Stunden sind wir nun unterwegs und es warten noch zwei Teiche auf uns. Wir biegen von der Kesselbruchschneise rechts in den **Weg F4** und anschließend nach links in die **Deisfeldschneise**. Diese bringt uns direkt zum **Maunzenweiher**, der sich noch auf Frankfurter Stadtgebiet befindet. Auf dem Gelände dieses Gewässers bauten Oberräder Töpfer früher tonhaltigen Lehm ab. Nach Ende des Abbaus füllte sich die Kuhle mit Regenwasser und wurde 1931 als Teich angelegt. Auf schmalem Wege gehen wir nun weiter zum **Buchrainweiher**, der sich ebenfalls herrlich zugewachsen präsentiert. Dieser kleine See ist der ein-

zige unserer Runde, der sich auf Offenbacher Stadtgebiet befindet; auch er wurde künstlich angelegt und ist besonders bei Anglern sehr beliebt. Wir halten noch einen Moment inne und genießen den Anblick der ruhigen Wasseroberfläche, in der sich der strahlend blaue Himmel und der Uferbewuchs spiegeln. Vom Buchrainweiher aus gehen wir auf unserem Hinweg zurück in Richtung Auto. Allmählich sinken auch außerhalb des Waldes die Außentemperaturen auf ein erträgliches Maß.

TIPP: Der Ausflug in den Oberwald ist mit annähernd 10 Kilometern recht lang. Gerade mit kleineren Kindern empfehlen wir, diesen in zwei Touren aufzuteilen. Dafür am besten auf dem Parkplatz „Kesselbruchschneise" an der Babenhäuser Landstraße parken und einmal nach Norden, ein andermal nach Süden wandern.

Oben: Einziger Offenbacher unter den vier Seen: der Buchrainweiher. Rechte Seite: Giftig und zugleich Heilpflanze: roter Fingerhut am Wegrand.

Distanz: 4,3 km
Gehzeit: 1:20 Std.
Charakter: leicht
Kinderwagen: bedingt

Das Streuobst-Paradies

Zwischen Bergen-Enkheim und Bischofsheim

Da will ich hin, wie komm ich hin?

ÖPNV: Bergen-Enkheim ist mit den U-Bahn-Linien 4 und 7 gut angebunden. Von der Endstation der Bahn geht es mit dem 42er Bus weiter, der fährt den Fritz-Schubert-Ring hinauf, dort gibt es mehrere Haltestellen. Unsere Empfehlung für die vorgeschlagene Tour: Am Riedbad aussteigen. Oder mit dem Metrobus 43 von der U-Bahn-Station Seckbacher Landstraße nach Bergen-Ost fahren. Von der Endhaltestelle aus sind es nur wenige Schritte, bis das Ausflugsgebiet beginnt.

Auto: Großer Parkplatz am Enkheimer Schwimmbad, außer an den ganz heißen Tagen im Hochsommer, wenn sich halb Frankfurt im Freibad aalt, ist dort immer ein Stellplatz zu finden. Auch oben in Bergen gibt es ausreichend Parkraum entlang der Marktstraße oder an der Bushaltestelle.

Kleinteilig und knuffig

Zwischen dem Frankfurter Stadtteil Bergen-Enkheim und Bischofsheim erstreckt sich Hessens größtes zusammenhängendes Streuobstwiesen-Gebiet. Es ist ein wunderbarer Südhang, der zu jeder Jahreszeit gute Laune macht. Im Winter, wenn sich die Äste der kahlen Bäume gegen den blauen Himmel abheben. Im Frühjahr, wenn es im März die ersten warmen Tage gibt und die optimale Hanglage die Sonne einfängt. Im Sommer, wenn die Hitze im Schatten der Obstbäume gut auszuhalten ist und auch im Herbst bei klarem Himmel und spektakulärer Blätterfärbung.

Sehr schön: Das Wegenetz am **Berger** und **Bischofsheimer Hang** lässt keine Wünsche offen. Das Gebiet ist durch Feldwege erschlossen, auf denen auch die verstreuten Gärten mit dem Auto erreichbar sind. Aber nichts ist geteert, herrlich holprig sind die Wege, mit großen Pfützen nach Regentagen. Also: Gummistiefel nicht vergessen, dann können sich die Kinder gut austoben. Und sowieso: Die Waschmaschine ist unser bester Freund. Keine Angst vorm „Dreckig-machen". Denn wir wollen nicht rumstehen, sondern reinspringen in den Knatsch. Volle Lotte! Zwischen den größeren Wegen verlaufen lauter kleine Pfade, im Gänsemarsch geht es hintereinander her. Viele Hecken teilen den Landschaftsraum auf, es kommt einem vor wie in einer Tausend-Zimmer-Wohnung. Hier wohnt auch der **Steinkauz** in bereitgestellten Niströhren.

Wir laufen am **Schwimmbadparkplatz** los. Ob Auto oder ÖPNV, diese Randlage Bergen-Enkheims ist gut zu erreichen. Direkt am Parkplatz gibt es eine schöne holzgeschnitzte Orientierungstafel, sie ist, leider, fies mit grobem Graffiti besprüht. Trotzdem ist das Ausflugsgebiet noch erkennbar. An der Liegewiese des Schwimmbades entlang führt der Weg Richtung **Riedteich**. Rechts die ausgedehnte **Sportanlage** der Fußballer vom Verein Germania Enkheim 1911. Der Schlängelweg führt zu einer Kreuzung. Geradeaus geht es im Baumschatten am Naturschutzgebiet rund um den Riedteich nach **Bischofsheim**, viele Radler sind hier unterwegs. Nach rechts geht es zum **Enkheimer Wald**, nach einigen Metern weitet sich ein toller Blick über die offene Wasserfläche zu der Schilfbrücke, die diesen ehemaligen Altarm des Mains zweiteilt. Aber diese Feldwege im Straßenformat sind uns zu breit.

Wir wollen den Spezialpfad nehmen. Er führt linker Hand schräg über die Wiese. Ein bisschen holprig und stolprig, sehr naturnah, zwischen eindrucksvollen **Obstbäumen** hindurch. Manche sind richtige Baum-Großväter, sie haben kaum noch Äste, tragen nur noch zwei oder drei Äpfel. Aber stehen noch stoisch aufrecht. Gut so. An Nebeltagen wirken sie wie einarmige Gespenster.

Andere, zum Glück, sind neu gepflanzt. Das **MainÄppelHaus** drüben in Seckbach betreut einen Teil der Streuobstwiesen. Wer möchte und die viele Arbeit nicht scheut, kann eine Obstbaumfläche pachten. Dann ist ihm nie mehr langweilig, es ist immer etwas zu tun.

Der Hang zwischen Bergen und Bischofsheim ist seit Hunderten von Jahren eine Kulturlandschaft. Seine kleinteiligen Parzellen machen ihn zu einem herrlichen Labyrinth.

Mitte der fünfziger Jahre, als es in den Supermärkten noch nicht so viel frisches Obst gab (und es auch noch nicht so viele Supermärkte gab) war das Gebiet hier gut gepflegt, dauernd wuselte jemand herum. Zwanzig Jahre später, um 1975, sah es anders aus: Das Obst reifte, fiel runter und vergammelte, die Wiesen verbuschten, Bäume wurden nicht mehr beschnitten und auch keine nachgepflanzt. Vieles war struppig und wurde vernachlässigt. Heute jedoch ist es unstrittig, dieses intensiv von Menschen bearbeitete Biotop in einem guten Zustand zu erhalten. Vielleicht treffen wir auf unserem Ausflug auch Menschen, die sich darum kümmern und uns erzählen, wie und warum sie das machen.

Aber erstmal weiter: Der Spezialweg führt uns zu einem der durchlaufenden Feldwege. Wir müssen etwas Anlauf neh-

men, es wird steil. Mit Schwung brechen wir durch die Hecke. Verblüfft schaut uns ein älteres Spaziergänger-Paar an. „Leute, Leute, habt ihr uns erschreckt“, lachen beide los. Wir kommen ins Gespräch. Ein Tipp für uns:

„Oben am Hang gibt es einige Quellen, die müsst ihr euch mal anschauen. Den Weg hier entlang bis zum Grüngürtelweg (Martin-Schäfer-Weg), links hoch, zweiter Querweg wieder rechts. Dann ein wenig geradeaus, dann kommt ein Gitterrost, weil es da so feucht ist.“

Quellen? Quellen! Die Kinder spitzen die Ohren, erwartungsvolle Blicke. Schnell dahin. Wir kürzen über einige Wiesen ab. Auf dem **Martin-Schäfer-Weg** ist eine Menge los, weil er Teil des offiziellen, markierten, Grüngürtel-Wander- und Radweges ist. Auch hier wieder viele Radler, die auf der

Das „MainÄppelHaus“ auf dem Lohrberg

„Wie wäre es mit einer Streuobstwiese?“, fragt Gerhard Weinrich. Der Vorsitzende des „MainÄppelHaus“ auf dem Frankfurter Lohrberg spürt den Wunsch insbesondere vieler Familien mit Kindern, die die Natur stärker erleben möchten. Dabei steht nicht allein der Freizeitspaß im Vordergrund. Auch das Landschaftsschutzgebiet kann nicht in der jetzigen Form erhalten werden, wenn die Grundstücke nicht bewirtschaftet werden. Die Leute vom „MainÄppelHaus“ bringen die, mitunter sehr alten, Eigentümer von Grundstücken mit jungen Familien zusammen. Das Projekt heißt: „Pflege gegen Nutzung“. „Wir haben viele Anfragen von Leuten, die wissen möchten, ob sie über unseren Verein ein Grundstück mit Obstbäumen pachten und pflegen können“, sagt der Chef des Streuobstzentrums auf dem Frankfurter Hausberg.

Abfahrt runter zum Riedteich aber wenig Spaß haben. Der Weg ist grob geschottert, es reißt ihnen fast den Lenker aus der Hand. Abfahrtsfreude sieht anders aus.

Ein Herbstbild für die Götter. Rot leuchten die reifen Äpfel gegen den blauen Himmel: Erntezeit.

Wir biegen ab, auf den grasigen Querwegen ist weniger los und außerdem wollen wir zu den **Quellen**. Nun sind wir da, aus dem Weg wird tatsächlich ein in der Sonne glitzerndes Gitterrost. Schilf rechts und links. Es gluckst leise. Feuchter Lehm ist zu sehen. Wir wissen von den Spaziergängern: Der Hang ist geschichtet, ton-lehmige, wasserundurchlässige Schichten wechseln sich mit wasserdurchlässigen ab. Wenn es regnet, versickert das Wasser. Dann kommt es nicht mehr weiter, rinnt unterirdisch entlang der kalkhaltigen Tonschicht und tritt an der Stelle aus dem Berg aus, wo wir gerade stehen. Natürlich, wenn es im Sommer lange trocken ist, dann kommt hier auch nichts mehr raus, erklären wir den Kindern. Eine halbe Stunde sind wir auf und um den Metallweg zugange. Die Kleinen sind fasziniert vom Wasser, das so einfach aus dem Hügel gesickert kommt. Sie probieren aus, wie knatschig der Lehm ist und kneten kleine Tierfiguren, ganz simpel, ganz schön.

Dann geht es auf dem Weg, der immer schmaler wird, zwischen ein paar Gärten hindurch zu einer kleinen Wegekreuzung. Da bitte geradeaus! Denn wir haben schon einen Picknickplatz ausgesucht. Leichte Linksbiegung und schon breitet sich vor unseren Augen eine terrassierte Miniatur-Landschaft aus. Neu gepflanzte **Apfelbäume**, viele mit dezenten weißen Schildern versehen. Was steht drauf? „Zur Erinnerung an die Geburt unseres Enkels Jonathan" zum Beispiel, „September 2018". Es ist schön, neugeborene Kinder so zu feiern, mit dem Pflanzen eines Baums.

Wir haben Decken auf unsere Tour mitgenommen. Und feine Picknick-Zutaten. Klar, dieses Natur-Kleinod muss pfleglich behandelt werden. Alles wieder mitnehmen, nichts liegenlassen, logisch! Wir liegen in der Sonne, die Kinder haben Bälle mitgenommen und spielen unten auf dem grasigen Weg.

Im blauen Himmel sehen wir strahlend weiße Flugzeuge, sie starten über den Frankfurter Osten hinweg. Das ist typisch Rhein-Main: Naturidylle, Luftverkehr, Düsen-Dröhnen und Grillenzirpen auf engem Raum beisammen. An einem klaren Tag sieht man zehn Flugzeuge in unterschiedlichen Höhen.

Einfach durch die halbgeschlossenen Augen in die Sonne blinzeln und schauen. „Da ist eins, ganz hoch, da noch eins, eine schwere vierstrahlige Maschine, die fliegt bestimmt nach Amerika, dahinten eine andere im Landeanflug." Hinter uns raschelt eine **Eidechse**, viele **Grashüpfer** sind auf der Wiese unterwegs. Wenn man auf dem Bauch liegt und in die Wiese hineinschaut, zu den Wurzeln, dann sieht man: Alles lebt, wimmelt, krabbelt.

Auf einem Nachbargrundstück, das nicht eingezäunt ist, sind einige Leute eingetroffen. Sie haben Sensen dabei, schärfen den Stahl mit dem Wetzstein. Dann geht es los, konzentriert mähen sie Quadratmeter um Quadratmeter. Das geht eine ganze Weile so, sie schwitzen mächtig in der Sonne.

Wir packen unsere sieben Sachen, wollen noch weiter, hoch zur Hütte am Höhenweg. Aber da die fleißige Mäh-Truppe gerade Pause macht, bleiben wir bei ihnen stehen. „Ihr macht euch ja viel Arbeit“, erkundigen wir uns neugierig. „Wir wollten es mal ausprobieren, vorher hat noch niemand von uns mit der Sense gearbeitet“, erzählen sie uns. Das Gelände haben sie gepachtet. Ein **Magerrasen-Standort**, erklären sie. Da kommt es drauf an, dass möglichst wenige Nährstoffe auf dem Boden zurückbleiben. Dass heißt, dass nach dem schweißtreibenden Mähen auch der schweißtreibende Abtransport der abgeschnittenen Gräser ansteht.

„Warum macht ihr euch so viel Arbeit?“, wollen wir wissen. „Naja, Naturschutz ist spannend, wir wollen die Zu-

Ein schöner Magerrasen kann entzücken

Der Magerrasen ist eine Kulturlandschaft. Ohne menschlichen Einfluss wäre er nicht entstanden. Ursprünglich waren diese Flächen bewaldet. Dann trieben Bauern ihre Ziegen und Schafe auf die „Hute“. Das sind Teile der Gemarkung, die von allen Dorfbewohnern gemeinsam genutzt wurden. Die „Allmende“, so nannte man diese Flächen, heißen je nach Gegend in Deutschland auch „Mark“ oder „Heide“. Die fressfreudigen Paarhufer mampften auf der Waldweide die jungen Bäume und Sträucher weg. So öffnete sich der beweidete Hutewald immer mehr, es entstanden Lichtungen, bis schließlich die Holzgewächse ganz verschwunden waren und ein Magerrasen zurückblieb. Unter den heutigen Bedingungen der Landwirtschaft lohnt sich die Bewirtschaftung von Magerrasen nicht mehr. Der wird in Grundstücksverzeichnissen häufig als „Ödland“ oder „Unland“ bezeichnet. Nicht schön, denn er ist ein tolles Biotop.

sammenhänge kennenlernen. Wir haben gewusst, auf was wir uns einlassen, jetzt ziehen wir das mal ein Jahr durch." Klar, dieser Hang ist keine Wildnis. Seit Jahrhunderten wird er von Menschen bearbeitet. Hier gab es auch Weinberge. Schafe weideten (das tun sie auch heute noch manchmal). Alles ist von Bauern gestaltet worden, auch die Terrassen unseres schönen Picknickplatzes sind wegen der landwirtschaftlichen Nutzung entstanden. Und diesen famosen Magerrasen, den gibt es nicht gratis. Der Lauf der Dinge wäre: Zuerst wachsen Büsche, das Gras verschwindet, dann kommen kleine Bäumchen, die werden größer und nach einigen Jahren ist das hier Wald. Also: „Vielen Dank für euer Landschafts-Werkeln", sagen wir zu den freundlichen Sensen-Männern und Frauen, jetzt haben wir die Zusammenhänge verstanden.

Nun fängt das Naturschutzgebiet an, Schilder mahnen, auf den Wegen zu bleiben. Der Blick von der **Schutzhütte** am Höhenweg ist atemberaubend, Frankfurter Skyline im Hintergrund, ein paar Offenbacher Hochhäuser sind zu sehen. Berge links; Vorspessart und Hahnenkamm, Berge da hinten der Odenwald. Irgendwo da unten zwischen den Bäumen muss der **Riedteich** sein. Das macht uns neugierig. Da wollen wir hin. Es geht den **Höhenweg** wieder runter, zwischen Feld und Weide durch. Auf Bischofsheim zu weiten sich die Wiesen, da sind auch **Kühe** auf der Weide. Der Zufluss des Riedteiches auf Bischofsheimer Seite ist renaturiert worden. Es war mal ein betonierter Graben, nun windet sich der Bach in kleinen Bögen durch die Wiese.

Auch hier ein guter Rastplatz für die Familie, denn man kommt ans Wasser ran. Der eigentliche **Riedteich** ist eingezäunt. Nur schauen, nicht anfassen, das ist leider für Ausflüge mit Kindern etwas zu wenig. Zwar ist der **Nachtigallenweg** ein angenehmer Spazierweg, auf dem in schönen Sommernächten auch der Gesang des namensgebenden Vogels zu hören ist, aber er ist kein schmaler Pfad am Wasser entlang und daher wenig aufregend.

Da ist es besser, durch den Wald zu laufen: Auf der **Alten Gelnhäuser Straße** entlang. Ein uralter Handelsweg, eine Landstraße früherer Jahrhunderte. Schwerbepackte Kaufmannswagen mit wertvollen Waren rumpelten zwischen den Messestädten Frankfurt und Leipzig hin und her. Bewacht von aufmerksamen Geleitreitern. Denn mancher Raubritter lauerte auf fette Beute. Darunter war auch Sibold, aus dem Rittergeschlecht der Schelme von Bergen. Er war pleite, aber bis an die Zähne bewaffnet, eine gefährliche Mischung. Um seine Kasse aufzubessern, überfiel er Kaufleute, bis es der freien Reichsstadt Frankfurt zu bunt wurde. Die Berger Burg wurde belagert und erobert, der Schelm musste Frieden schwören. „Mehr, mehr!" Die Kinder lauschen gebannt den Geschichten vom Fernhandel früherer Zeiten. „Mehr gibt es nicht, Burg erobert, ein friedlicher Ritter macht keinen Ärger mehr, Geschichte zu Ende."

Wunderbar weiche Wege am Berger Hang, ein Farbenrausch im Oktober. Für den Vogelschutz wird viel getan. Die „Vogelkundliche Beobachtungsstation Untermain e.V." wacht darüber. Überall an den Bäumen sind Nistkästen befestigt.

Nun kommen wir wieder am Sportverein vorbei, samstagnachmittags wird hier sogar zu den Spielen der Grill angeworfen, was ein großer Spaß ist. Das Gekicke im Hintergrund, eine Bratwurst in der Hand, nach einer schönen Entdeckungstour durch Streuobstwiesen, garniert mit ein bisschen Wald, der perfekte Abschluss.

Distanz: 5,2 km
Gehzeit: 1:20 Std.
Charakter: leicht
Kinderwagen: ja

Eine kleine Wald-Weltreise

Zwischen Eschborn, Sulzbach und Schwalbach am Taunus

Da will ich hin, wie komm ich hin?

ÖPNV: Mit den S-Bahnlinien S3 oder S4 bis Eschborn-Bahnhof, dort umsteigen in die Buslinie 252 in Richtung Eschborn-Südbahnhof. An der Haltestelle „Camp Phönix“ aussteigen und der Straße „Am Weißen Stein“ für 500 Meter bis zum Waldhaus folgen.

Auto: Das Arboretum ist mit dem PKW aus allen Richtungen exzellent zu erreichen. Von der Abfahrt „Eschborn“ der A66 in die Sossenheimer Straße fahren, an der folgenden Kreuzung nach links in die Elly-Beinhorn-Straße. Im nächsten Kreisverkehr die zweite Ausfahrt in die Katharina-Paulus-Straße nehmen, nach 170 Metern in die Straße „Am Weißen Stein“ abbiegen, dann sind es noch 300 Meter bis zum Parkplatz.

Viel mehr als nur Bäume!

600 verschiedene Bäume aus allen Kontinenten der Nordhalbkugel wurden im Arboretum Main-Taunus gepflanzt und bilden ein attraktives und beliebtes Naherholungsgebiet zwischen den Gemeinden Eschborn, Sulzbach und Schwalbach am Taunus. Der als Ausgleichspflanzung für die Startbahn-West entstandene Park bietet seinen Besuchern ein vielseitiges Angebot: als Oase der Ruhe, für abwechslungsreiche Spaziergänge, profunde Einblicke in Baum- und Waldarten vieler Kontinente sowie durch eine Vielzahl an Bildungs- und Mitmachangeboten für Jung und Alt.

Großzügige, von Bäumen umsäumte Wege machen das Arboretum auch schlechtwetter-tauglich.

Auch für Ausflugsprofis gibt es Ziele in der Rhein-Main-Region, von denen man zwar häufiger gehört, wohin es einen aber bisher noch nicht geführt hat. Das **Arboretum**, abgeleitet vom lateinischen Wort *arbor* für Baum, widmet sich Bäumen der gemäßigten Zone unserer nördlichen Hemisphäre, die entsprechend ihrer Herkunft zu „typischen Waldgebieten" ihrer Herkunftsregion zusammengefasst sind. Daneben gibt es Wildblumen- und Streuobstwiesen sowie extensiv bewirtschaftete Weide- und ökologisch bewirtschaftete Ackerflächen. Auch die Tierwelt weiß längst die Vorzüge des Arboretums zu schätzen und siedelt sich hier mit Freude an. Daran erfreuen sich besonders zahlreiche heimische **Spechtarten**.

Wir beschließen, das 2008 eröffnete **Waldhaus**, erste Anlaufstelle für Führungen und Veranstaltungen, am Ende unseres Ausflugs aufzusuchen und biegen bereits vorher in unseren „ersten Wald" ab. Sieht nach vertrautem Terrain aus: Wir erkennen **Eichen** und **Hainbuchen**, **Tannen** und **Eschen**, dann rechts eine Ansammlung von 30 **Edelkastanien**. Von den essbaren Vertretern ihrer Art sind allein in Frankreich mehr als 700 Sorten bekannt. Wir sehen hier also lediglich eine kleine Auswahl des globalen Angebots. Zudem sind die Früchte zum Zeitpunkt unseres Besuchs leider noch etwas von der Genussreife entfernt.

Da wir über keine besonderen dendrologischen Kenntnisse verfügen, freuen wir uns sehr über die vielen Infotafeln, die uns das Erkennen von Besonderheiten und Unterschieden bei den Baumarten und Baumgemeinschaften erheblich vereinfachen. **Dendrologie** ist die Lehre von den Bäumen und Gehölzen, stammt vom griechischen Wort für Baum, *dendron*, ab und wir nehmen es fortan gerne in unseren aktiven Wortschatz auf.

Bäume statt Flugzeuge

Auf dem bis 1937 landwirtschaftlich genutzten Areal des Arboretums entstand 1937 ein Fliegerhorst der deutschen Luftwaffe, der nach Ende des Zweiten Weltkriegs von der US-Armee genutzt wurde. 1981 übernahm das Land Hessen die frei zugänglichen Bereiche des Geländes. Auf 76 Hektar entstand das Arboretum als Ersatzaufforstung für die gerodeten Waldflächen auf dem Gelände der Startbahn-West. Somit ist das ehemalige Flugplatzgelände dauerhaft ein „Kind" des Frankfurter Flughafens. Angenehmer Nebeneffekt der Lage: Fluglärm findet hier nicht statt.

Inmitten des Arboretums befindet sich noch heute ein nicht zugänglicher Bereich, auf dem sich unter anderem der recht gut erhaltene Hangar 4 befindet. Was mit diesem Gelände in Zukunft passiert, ist auch angesichts hoher Schadstoffkonzentrationen im Boden und Grundwasser sowie Munitionsresten unklar.

Nach einigen weiteren „Baumstudien“ lassen wir kurzerhand das alte Europa hinter uns und überqueren den Ural. Hoppla, das ging schnell! Vor uns Korea, zur rechten der Himalaya und nach links geht es weiter nach Japan. Als Solitärbaum dazwischen ein **Ginkgo**, den auch wir anhand der sehr charakteristischen Blattform sofort als solchen identifizieren können. Die ursprünglich in China beheimatete Baumart wird bis zu 40 Meter hoch und kann ein biblisches Alter von 1.000 Jahren und mehr erreichen. Unser Exemplar hier hat also noch einiges vor sich...

Noch bevor wir erneut den Kontinent wechseln, fällt uns links des Weges ein mehrere Hundert Meter langer Zaun auf. Im Kernbereich des ehemaligen Flugplatzareals befinden sich tatsächlich die letzten baulichen Relikte, darunter ein noch einigermaßen intakter Flugzeughangar, fast so groß wie ein Fußballfeld (siehe Infokasten S. 83).

Noch im asiatischen Raum fällt uns ein weiterer freistehender Baum auf, dem eine eigene Tafel gewidmet ist: der **Friedensbaum**. Er erzählt uns eine anrührende Geschichte und verbindet damit eine ganz besondere Botschaft, die wir hier wiedergeben: „In Kiew/Ukraine verwandelte man in den 1950er Jahren das Gelände eines ehemaligen Lagers für deutsche Kriegsgefangene in einen Park. Auch das Gelände des Arboretums hat jahrzehntelang dem Krieg gedient: als Flugplatz im 2. Weltkrieg, anschließend als amerikanisches Militärcamp und Lager für deutsche Kriegsgefangene. Einer der Überlebenden der Gefangenschaft in Kiew hob 1999 eine Kastanie in dem ukrainischen Park auf. Daraus wuchs dieser Baum, der hier im Arboretum, wo Bäume aus aller Welt friedlich nebeneinanderstehen, Zeugnis ablegt, dass Feindschaft zwischen den Völkern überwunden werden kann. 1. Mai 2005“.

Rechte Seite: Der Friedensbaum im Arboretum ist eine Kastanie aus Kiew in der Ukraine.

Im Anschluss wandeln wir noch ein wenig durch Asiens Norden, erschließen uns den Ural und Teile Sibiriens – all das bei frühherbstlich angenehmen Temperaturen und strahlend

FRIEDENSBAUM

Ziemlich stachelige Angelegenheit: die chilenische Araukarie ist der einzige Baum des Arboretums, der von der Südhalbkugel stammt.

blauem Himmel. Wir befinden uns nun am nordwestlichen Ende des Arboretums und nähern uns dem Westen Nordamerikas. Zuvor zieht es uns aber magisch auf die typisch hessisch anmutende **Streuobstwiese** rechts des Rundwegs. Hätten wir doch bloß eine Flasche Apfelwein und ein paar Gläser eingepackt …

Wir lassen uns dort nieder, um – soweit möglich – im Schatten eines **Apfelbaums** zu picknicken. Dass wir dabei nicht allein sind, stört uns nicht, im Gegenteil: Wir freuen uns über jeden, der diese Oase der Ruhe nutzt. „Bei schönem Wetter kommen wir häufig mit dem Fahrrad hierher“, berichtet uns eine junge Mutter, die sich mit ihren beiden Kindern ganz in der Nähe niedergelassen hat. „Einfach etwas Essen und Trinken einpacken, die Kinder können hier auf den Wiesen spie-

len und toben, ohne dass man sich Sorgen machen muss: Die nächste Straße ist weit weg!“ Sie erzählt uns, dass sie in einem Neubaugebiet in Sulzbach wohnen und viele Familien aus den angrenzenden Gemeinden Eschborn, Sulzbach und Schwalbach das Arboretum als Naherholungsgebiet nutzen.

Ganz nebenbei erfahren wir noch, dass es im Arboretum nicht nur waldpädagogische Führungen und Veranstaltungen für Erwachsene gibt, sondern auch solche speziell für Kindergärten, Horte und Schulen. „Und die sind sogar noch kostenlos“, berichtet die engagierte Mutter. Begeistert stimmt ihre kleine Tochter ein: „Wir waren mit dem Kindergarten auch schon ganz oft hier! Erst haben die Bäume geblüht, und dann haben wir die Bienen gesehen und jetzt sind die Äpfel fast reif!“ Durch regelmäßige Besuche im Park können gerade Kinder sehr anschaulich mehr über die jahreszeitliche Entwicklung der Bäume vom Austrieb und Blüte bis hin zur Fruchtreife und, im Falle der Laubbäume, Abwerfen der Blätter beobachten.

Insgesamt 36 kleine Wälder gilt es hier zu entdecken, zwei Bäume haben uns noch besonders beeindruckt: Ein Exemplar des **Riesenmammutbaums** (Sequoiadendron giganteum), dem massereichsten Baum der Welt mit Stammdurchmessern von bis zu acht Metern. Die in Kalifornien beheimateten Riesen werden bis zu 3.000 Jahre alt und sind in ihrer Heimat vom Aussterben bedroht. Einen echten Exoten stellen auch drei Exemplare der **chilenischen Araukarie** – auch Andentanne genannt – dar. Besonders auffällig bei diesem Koniferengewächs sind die sehr harten schuppenartig geformten Blätter. Die Araukarien sind im Arboretum Main-Taunus auch insofern eine Besonderheit, weil sie die einzigen Bäume dort sind, die auf der Südhalbkugel heimisch sind.

Zu den zusätzlichen Attraktionen zählen ein **Feuchtbiotop**, **Bienenkörbe**, die ein **Bio-Imker** im Arboretum aufstellt, ein

Entdecken, Lernen, Mitmachen

Durch individuelle Angebote bringen fachkundige Mitarbeiter des Forstamts Königstein das Arboretum Kindern und Erwachsenen näher. Exkursionen, Experimente und weitere waldpädagogische Angebote sind für Horte, Kindergärten und Schulen kostenlos. Wer tiefer in die Gehölzkunde (Dendrologie) einsteigen oder sein Wissen vertiefen möchte, ist bei einer fachkundlichen Führung bestens aufgehoben. Zahlreiche Veranstaltungen und (Mitmach-)Aktionen finden über das ganze Jahr verteilt statt und runden das Programm perfekt ab.
Informationen und Anfragen: Forstamt Königstein,
Tel.: 06174-92860, ForstamtKoenigstein@forst.hessen.de,
www.hessen-forst.de/arboretum/

Lehrpfad für hessisches Gestein sowie ein weiterer für heimische Bäume. Mehr als genug also, um sich auch bei regelmäßigen Besuchen nicht zu langweilen.

Wir kehren nach rund zweieinhalb Stunden sehr beeindruckt zu unserem Ausgangspunkt zurück und werfen noch einen Blick auf das 2008 eröffnete Waldhaus. Es dient als zentrale Anlaufstelle für alle Aktivitäten und Veranstaltungen rund um den Park. Im Veranstaltungsflyer erfahren wir, wie vielfältig die über das Jahr verteilten Angebote sind: von der Fledermausnacht und gemeinsamen Baumpflanzaktionen, dem Erkennen von Vogelstimmen bis hin zum Auffinden von Wildkräutern und Tipps zu deren Verwendung. Zum Jahresende wartet das Arboretum schließlich mit einem Adventsmarkt samt Weihnachtsbaumverkauf, mit frisch geschlagenen Tannen aus den Wäldern des Forstamts Königstein.

Rechte Seite: Eine jährliche Neupflanzung gilt dem Baum des Jahres, hier der Stechpalme im Jahr 2021.

Baum des Jahres 2021

Distanz: 2,8 km
Gehzeit: 45 Min.
Charakter: geradlinig
Kinderwagen: ja

Faszination Fledermaus

Zwischen Seligenstadt und Rodgau-Jügesheim

Da will ich hin, wie komm ich hin?

ÖPNV: Nur mit öffentlichen Verkehrsmitteln ist der Fledermauspfad nicht gut erreichbar. Unser Tipp: Fahrräder mitnehmen und mit der Regionalbahn bis Seligenstadt oder mit der S-Bahnlinie S1 nach Rodgau-Jügesheim fahren. Von Jügesheim radelt man 4,7 Kilometer, weitgehend auf Nebenstraßen und Waldwegen. Vom Bahnhof Seligenstadt 3,7 Kilometer, weitgehend auf dem Fahrradweg entlang der L3121.

Auto: Über die A3 bis zur Abfahrt Seligenstadt, dort in Richtung Rodgau-Dudenhofen auf die L3121 abbiegen. Der Wanderparkplatz befindet sich nach etwa 200 Metern auf der rechten Seite.

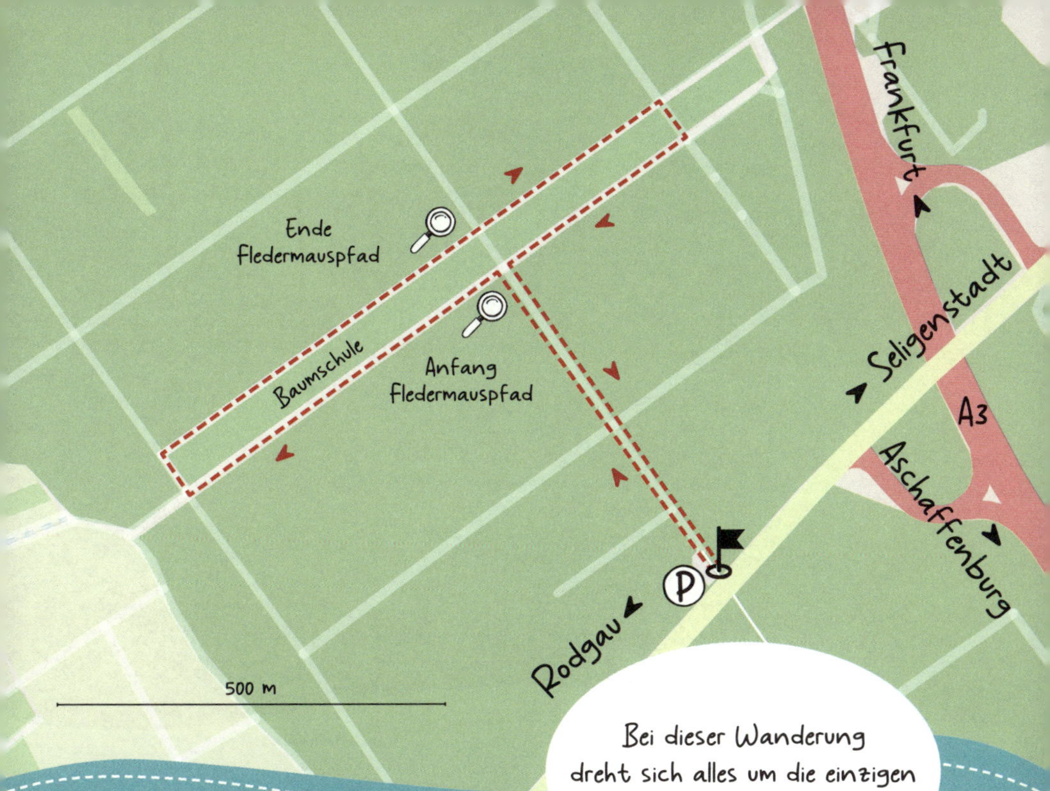

Wo und wie leben Fledermäuse?

Der Seligenstädter Fledermauspfad ist eine ebenso kurze wie kurzweilige Wanderung durch das Waldgebiet zwischen Seligenstadt und Rodgau-Jügesheim. Hier erfahren Kinder und Erwachsene vieles über die Lebensweise der heimischen Fledermausarten, deren Lebensräume und -gewohnheiten. Wer sich zur Dämmerung dort aufhält, kann sie auch beim Jagen beobachten. Für vertiefte Einblicke gibt es Führungen und Mitmachangebote im Seligenstädter Forst. Aufgrund des Winterschlafs der Fledermäuse liegt der ideale Zeitpunkt für diese Wanderung zwischen April und August.

Krautig und kleinteilig ist gleich artenreich. Der Wegrand ist Lebensraum vieler Tiere.

Was unternehmen, wenn man den Samstag oder Sonntag mal wieder so richtig vertrödelt hat? Die Woche war anstrengend, alle freuen sich aufs Ausschlafen. Spätes Frühstück, in aller Ruhe Zeitung oder ein gutes Buch lesen und dann kommt sie doch noch auf: Die Lust auf einen kurzweiligen Ausflug ohne lange und anspruchsvolle Wege. Da kommt uns der **Fledermauspfad** in Seligenstadt in den Sinn, von dem wir vor längerem einmal gelesen, aber noch nie aufgesucht haben. Kurzentschlossen machen wir uns auf den Weg, obwohl die Uhr schon die Vier passiert hat. Glücklicherweise sind die Abende jetzt im Sommer lang. Und die Fledermäuse ohnehin erst in der Dämmerung richtig aktiv.

Apropos Fledermäuse: Hatten Ihre Kinder auch schon das Fledermausvirus? Im Kindergartenalter und bis weit in die Grundschulzeit hinein schien es für sie kaum faszinierendere Lebewesen als Fledermäuse zu geben. Den Löwen, Tigern oder Elefanten in den Zoos in Frankfurt oder Königstein zum Trotz zogen sie die kleinen Flugsäuger am meisten in ihren Bann. Über mehrere Jahre hatten wir sogar eine Tierpatenschaft für Brillenblattnasen im Frankfurter Zoo übernommen. Versuchen wir doch mal, dieser Begeisterung auf den Grund zu gehen.

Seit 2016 existiert im Wald zwischen Rodgau und Seligenstadt, in direkter Nähe zur Autobahn A3, ein äußerst lehrreicher Pfad, der in privater Initiative entstanden ist und sehr

Fledermäuse in Deutschland und weltweit

Fledertiere bilden unter den Säugetieren die artenreichste Ordnung nach den Nagetieren. Die rund 1.400 bekannten Arten sind dabei mit Ausnahme der Antarktis auf allen Kontinenten vertreten. Fast alle Arten sind nachtaktiv, schlafen kopfüber an den Füßen hängend und orientieren sich mittels Echoortung. Die kleinste bekannte Fledermaus misst in der Länge 3 Zentimeter, während einzelne Flughunde eine Flügelspannweite von 170 Zentimetern und ein Gewicht von eineinhalb Kilogramm erreichen.

In Deutschland leben - je nach Quelle - 24 oder 25 Fledermausarten. Diese sind allesamt recht klein, manche bevorzugen Waldquartiere, andere ein besiedeltes Umfeld. Beliebte Quartiere sind einerseits Dachstühle, andererseits verlassene Baumhöhlen, etwa von Spechten. Allen heimischen Arten gemein ist, dass sie sich ausschließlich von Insekten ernähren. Dabei nehmen sie allabendlich eine Menge von bis zu 30 Prozent ihres eigenen Körpergewichts zu sich.

Die Paarungszeit der Fledermäuse ist im Herbst, anschließend suchen sie ihre Winterquartiere für den Winterschlaf auf. Die Befruchtung der Eizellen der Weibchen findet erst im Frühjahr statt, danach ziehen sie zurück in ihre angestammten Sommerquartiere, um dort in Wochenstuben ihren Nachwuchs, ein bis zwei Junge, zur Welt zu bringen und den Sommer über aufzuziehen.

Infotafeln vermitteln anschaulich viele Details zu den heimischen Fledermausarten.

anschaulich Detailwissen zur Lebensweise, aber auch zur Bedrohung der Lebensräume unserer heimischen Fledermausarten vermittelt. In diesem Fall ist es nicht die Wegführung, nicht das Wechselspiel von Wald und Freiflächen, welches die Wanderung interessant macht – hier geht es ausschließlich um diese außergewöhnlichen Säugetiere und die Gründe, warum diese unseren besonderen Schutz genießen sollten.

Wir starten am kleinen **Wanderparkplatz** nahe der Autobahnausfahrt **Seligenstadt** der A3. Schnurgerade führt der bestens ausgebaute Weg, die Lange Schneise, in den Seligenstädter Wald hinein. Die erste Infotafel direkt am Parkplatz verschafft uns einen Überblick über den Lehrpfad. Insgesamt haben wir 14 Tafeln zu „absolvieren". Nach gut 400 Metern biegen wir nach Westen in die Schneise **Am Keltengraben**. Links von uns sehen wir einen schönen Mischwald, zur Rechten befindet sich eine **Baumschule** zur Aufzucht von Weihnachtsbäumen, dazwischen immer wieder freie Wiesenflächen. Zumindest in diesem Frühjahr hat es hinreichend geregnet, sodass entlang des Weges und auch im Wald größere Flächen unter Wasser stehen. Ideale Bedingungen für Insekten, genug Nahrung für die Fledermäuse, denken wir.

Dass zahlreiche unserer heimischen Fledermausarten in ihrem Bestand gefährdet sind und welches die verschiedenen Bedrohungen sind, lesen wir auf einer der ersten Infotafeln. Diese sind übrigens so attraktiv gestaltet, mit großen Bildern und knappen Texten, dass sie auch Kinder gerne lesen oder den Kleinsten auch vorgelesen werden können, ohne dass eine Spur von Langeweile aufkommt. Auf allen weiteren Tafeln werden uns die entlang des Pfades lebenden Fledermausarten näher vorgestellt. Wir lernen die **Fransenfledermaus** kennen, eine Waldfledermaus, die sich auch in Streuobstwiesen wohl fühlt. Mit Freude lesen wir, dass diese Art in Hessen zwar als stark gefährdet gilt, sich die Bestände hier im Seligenstädter Stadtwald in den letzten Jahren aber spürbar erholt haben.

Akut bedroht

Der größte Feind der Fledermaus ist der Mensch. Insektenschutzmittel, der Verlust an Streuobstwiesen, das Trockenlegen von Feuchtgebieten oder das Fehlen von Auen oder Kleingewässern haben dafür gesorgt, dass zahlreiche heimische Fledermausarten als gefährdet oder sogar vom Aussterben bedroht gelten. Auch das hermetische Abdichten von Dachstühlen oder das winterliche Fällen von Altholzbeständen im Wald sorgen für einen Verlust an Lebensräumen.

Wer selbst einen Beitrag zum Schutz der Fledermäuse leisten möchte und die Möglichkeit dazu hat, kann an seinem Haus einen Fledermauskasten anbringen. Einen solchen kann man schnell selbst aus wenig Holz zimmern und an geeigneter Stelle anbringen. Bauanleitung und Tipps unter: www.fledermausschutz.de.

Ernüchterung kehrt schon einige Meter weiter ein, wenn wir über die **Mopsfledermaus** lesen müssen, dass diese vom Aussterben bedroht ist. Immer wieder schweift unser Blick über das Gelände, die Freiflächen und auch in den Wald hinein. Man hört und sieht allerlei Insekten surren, immer dicht um die Wildblüten herum. Noch aber ist keine Fledermaus zu sehen. Laufen wir also weiter und lesen vom **Großen Mausohr**, das sich erst seit gut zehn Jahren hier nachweisen lässt. Diese größte heimische Fledermausart mit einer Flügelspannweite von 35 bis 43 Zentimetern hat sich hier offenbar prächtig entwickelt und zählt mittlerweile zu den häufigsten Arten im Wald.

Nach gut 500 Metern haben wir die Hälfte des Lehrpfades erlebt, biegen zweimal rechts ab, um parallel zum Keltengraben zurückzugehen. Dazwischen befinden sich weiterhin die **Nordmanntannen** und andere Vertreter des Typus Weihnachtsbaum. Der **Kleine Abendsegler** ist eine typische Waldfledermaus und kommt hier in einer Wochenstube vor. Dieser zählt zu den Wanderfledermäusen und legt zwischen Winter- und Sommerquartier bis zu 1.500 Kilometer zurück. Er fühlt sich besonders in Buchenmischwäldern wohl, welche einen hohen Altholzbestand haben.

War da nicht was? Für einen Augenblick huschte ein Schatten durchs Bild, ein kleiner dunkler, flatternder Punkt zwischen Sträuchern und dunkler werdendem Himmel. Wir halten inne und warten. Nichts. War es doch nur eine optische Täuschung, weil wir uns diese Beobachtung so sehr wünschen? Vorsichtig und langsam gehen wir weiter, die Dämmerung schreitet unterdessen voran, unsere Unterhaltung findet nur noch im Flüsterton statt.

Dabei versuchen wir zu erörtern, ob und wie man Fledermäuse im Flug voneinander unterscheiden und wie man sie bei Dunkelheit besser orten kann. Hier würde uns ein Experte sicherlich helfen. Fürs Erste müssen wir uns mit Mutmaßungen zufrieden geben.

Natürlich gibt es diese Fachleute für den Fledermauspfad und selbstverständlich gibt es Führungen und Mitmachaktionen. Hätten wir doch rechtzeitig dran gedacht, uns von Fachkundigen noch tiefere Einblicke in die Welt des Fledermauslebens geben zu lassen. Einige Tage nach unserem Auslug telefonieren wir mit Hartmut Müller, einem der Initiatoren des Pfades, seit 40 Jahren Fledermausexperte und unermüdlicher Kämpfer für den Naturschutz im östlichen Landkreis Offenbach. Er berichtet uns, dass man die Rufe der Fledermäuse mit sogenannten Bat-Detektoren für den Menschen hörbar machen kann. Wir erfahren auch, dass sich die Fledermäuse hier im Stadtwald sehr gut entwickeln, vor allem, weil sich der Zustand des Waldes in den letzten Jahren spürbar verbessert hat. Insgesamt befinden sich im Bereich des Fledermauspfads 600 Kästen, die von ihm und zahlreichen ehrenamtlichen Helfern regelmäßig kontrolliert werden (siehe Infokasten S. 100).

Im Auenwald gedeihen Insekten prächtig – zur Freude der Fledertiere.

Schließlich ist es doch so weit: Im Halbdunkel erkennen wir deutlich, wie aus dem Wald eine um die andere Fledermaus in Richtung Wiese fliegt, immer im so typischen, etwas hektisch und „eckig" anmutendem Flugstil. Gebannt beobachten wir sie für einige Minuten – und es werden immer

Eine lokale AG für den Tier- und Naturschutz

Langer Name, langjähriges Engagement: Die Arbeitsgemeinschaft Fledermaus- und Amphibienschutz Seligenstadt und Mainhausen ist seit 40 Jahren aktiv. Die unabhängige AG ist als gemeinnützig anerkannt und finanziert ihre Arbeit über Spenden. Ein zentraler Bestandteil der ehrenamtlichen Tätigkeit liegt in der pädagogischen Arbeit. Neben öffentlichen Führungen bestehen Kooperationen mit örtlichen Grundschulen. Daneben existieren spezielle Angebote für Kindergärten und Schulen.

Öffentliche Führungen werden auf der Internetseite der AG bekanntgegeben, individuelle Veranstaltungen sind nach Vereinbarung ebenso möglich.

AG Fledermaus- und Amphibienschutz, info@fledermausschutz-seligenstadt.de, Tel.: 01590-1341323

mehr. Mit unseren Taschen- und Stirnlampen versuchen wir, die letzten beiden Tafeln zu entziffern, was nur mit Mühe gelingt. Für eine derart kurze Distanz haben wir selten so lange gebraucht. Ein wenig mehr Bewegung zum Abschluss des Ausflugs kann da nicht schaden. Daher halten wir uns weiter geradeaus in Richtung A3. Kurz vor dieser endet der Pfad recht abrupt, auch hier gibt es wieder einen Parallelweg, der uns zurückbringt. Dabei entdecken wir noch – etwas versteckt hinter den Bäumen – einen Hinweis auf eine Hütte, **Brehms Hütte**. Sieht idyllisch aus, ist aber leider nicht bewirtschaftet. Nach kurzer Recherche erfahren wir, dass diese der Stadt Seligenstadt gehört und sie von Vereinen genutzt werden kann. Am zweiten Samstag im Dezember findet hier traditionell die Seligenstädter Waldweihnacht statt. Sollten wir uns vormerken.

Rechte Seite: Für viele Fledermäuse stellt der Waldrand das perfekte Jagdrevier dar.

Distanz: 6,6 km
Gehzeit: 2 Std.
Charakter: anstrengender
Kinderwagen: nein

Mit Weitblick im Taunus unterwegs

Von der Saalburg zum Herzberg

Da will ich hin, wie komm ich hin?

ÖPNV: Mit der S-Bahn der Linie S5 bis zum Bad Homburger Bahnhof. Von dort mit der Buslinie 5 in Richtung Neu-Anspach/Hessenpark fahren und an der Haltestelle Saalburg aussteigen. Die Busse verkehren an Wochenenden im Stundentakt.

Auto: Aus Richtung Usingen kommend die B456 am Römerkastell Saalburg verlassen und einen Parkplatz suchen. Aus südlichen Richtungen die Autobahn A661 an der Ausfahrt Oberursel-Nord verlassen und Richtung Bad Homburg und Saalburg fahren. Der B456 bis zur Ausfahrt Saalburg folgen und hier parken.

Schmale Pfade und ein exzellenter Rhein-Main-Blick

Die Wanderung auf den Herzberg zählt zu den beliebtesten im Taunus. Wir suchen über die eher kleineren, dafür etwas längeren Wege die großartige Aussicht vom Herzbergturm. Im Abstieg bieten die Felsen am Marmorstein Gelegenheit zum Klettern und für eine (zusätzliche) Rast. Eine abwechslungsreiche Tour, die mit etwas Glück auch Wildkontakt bietet.

Römerkastell Saalburg

Nördlich des Herzbergs verlief der römische Grenzwall Limes. Das Kastell Saalburg entstand um das Jahr 90 n. Chr. Als einfaches Holz-Erde-Kastell für einen Numerus, was einer Hilfstruppe von rund 160 Mann entspricht. In spathadrianischer Zeit, also um das Jahr 135, wurde die Saalburg zum Holz-Stein-Kastell umgewandelt, in den Folgejahren dann mit gemörtelten Steinmauern befestigt. Die heute zu sehende Rekonstruktion beruht auf der letzten Bauphase und misst 147 mal 221 Meter. Die dort untergebrachte römische Kohorte zählt knapp 500 Mann. Um das Jahr 260 fiel der Limes und mit ihm das Kastell Saalburg.

Bis zur Mitte des 18. Jahrhunderts wurde das Gebiet als Steinbruch genutzt, erst allmählich erkannte man die Ruine als Zeugnis einer römischen Befestigungsanlage. Bis 1907 entstand schließlich eine der komplettesten Rekonstruktionen entlang des 550 Kilometer langen obergermanisch-raetischen Limes. Dieser Grenzwall wurde 2005 zum UNESCO-Welterbe erklärt und bildet seither das längste Bodendenkmal Europas. Sollte sich nach der Wanderung noch die Gelegenheit zu einem Besuch bieten, können die Ausflugsprofis diesen dringend ans Herz legen.

Wie immer sind wir nicht die Einzigen, die ihr Fahrzeug an der **Saalburg** abstellen. Wie so oft sind wir auch nicht die Einzigen, die es samt Kindern nicht zur Saalburg zieht, sondern hinauf auf den **Herzberg**, dem attraktiven Hausberg Bad Homburgs. Der mitunter steile, ansonsten aber anspruchslose Hauptweg, der zudem noch eine Zufahrt zum höher gelegenen Wanderparkplatz ist, bietet an sonnigen Wochenendtagen mitunter Volkslaufstimmung. Schon seit Jahren wählen wir wesentlich lieber längere, aber deutlich weniger frequentierte Varianten, die auch mehr Walderleb-

nis bieten. Ein sehr früher oder erst spätnachmittäglicher Aufbruch hilft zudem dabei, einer Überfüllung und eventuell längeren Wartezeiten im Gasthof am Herzbergturm zu entgehen.

Im Saalburgmuseum können wir das Leben der römischen Grenztruppen vor 2.000 Jahren kennenlernen.

Wir gehen zunächst an der linken Seite der Saalburg vorbei in nördliche Richtung, zweigen nach den Gebäuden zur Linken weitere zwei Mal links ab: erst in den **Mittleren**, dann in den **Oberen Hangweg**. Im Anschluss zweigt der **Willi-Maas-Weg** links ab und führt in einer langen Geraden den Berghang hinauf. Nach 270 Metern biegen wir nach rechts in einen schmalen Pfad ein. Im Anstieg ist dies der schönste Wegabschnitt, weil man im Hochsommer sehr beschattet ist, der Weg herrlich über Stock und Stein führt und man wunderbar Tiere wie **Schmetterlinge**, **Kröten** und **Vögel** beobachten kann. Auch **Wildschweinsuhlen** sehen wir an vielen Stellen. Vom Borstenvieh wimmelt es im Taunus. Bei feuchtem Klima rinnen nicht nur kleine Bächlein kreuz und quer ins Tal hinab, wenn es wärmer wird, scheinen auch die unverwechselbaren Aromen des Waldes in der Luft zu kondensieren, um hochkonzentriert den Geruchssinn zu betören.

Wir verlassen den Schlängelpfad der Waldaromen und kehren auf geschotterte Wege zurück. Einen Großteil der Höhenmeter zum Herzberg haben wir ohne große Mühe absolviert, ab jetzt können wir den Weg so richtig genießen. Doch halt, es ist ja viel heller als sonst hier. Was ist da los? Beidseits des Weges – wir sind immer noch auf dem Willi-Maas-Weg – fehlen: die Bäume. Wo noch vor einiger Zeit stolze **Fichtenwälder** emporragten, am Boden ein herrliches Dickicht aus Sträuchern, Gräsern und Moos herrschte, sehen wir: Baumstümpfe, sonst nichts. Selbstverständlich erinnern wir uns, dass in vielen Teilen des Taunus Trockenheit, Stürme und der Borkenkäfer immer wieder für schlimme Schäden sorgen. Aber in diesem Ausmaß haben wir das bisher noch nicht gesehen. Wir blicken uns um und sind doch sehr berührt: da erblicken wir in östlicher Richtung talwärts drei **Rehe**, die sich auf die gerodete Fläche trauen. Eine griffbereite Kamera wäre jetzt super gewesen.

Waldschäden rund um den Herzberg

Wassermangel, Stürme, Monokulturen und Borkenkäfer. Die Ursachen für die teils riesigen kahlen Stellen in den Hochtaunuswäldern sind vielfältig und je nach Standort auch unterschiedlich. An den Hängen des Herzbergs spielen sowohl die Trockenheit als auch der hohe Fichtenanteil eine große Rolle, ausschlaggebend für die starken Sturmschäden der vergangenen Jahre war jedoch der Befall durch den Borkenkäfer. Durch großflächige Rodungen versucht man nun, den Borkenkäfern die Lebensgrundlage zu entziehen. Wie es mit diesen Flächen weitergeht, ist noch nicht entschieden. Fakt ist, dass es lange Jahre dauern wird, bis sich hier wieder dichter Wald gebildet hat. War er vor Jahren noch hinter Bäumen versteckt, ist der Herzberg als markanter Orientierungspunkt mittlerweile auch aus nördlichen Richtungen früh zu erkennen.

Schon aus der Ferne lockt der Herzbergturm – und die Einkehr im Gasthaus mit Alpenhüttencharme.

Wir gehen weiter in Richtung des Hauptwegs von der Saalburg hinauf zum **Herzberg** und schwelgen in Erinnerungen. Einer unserer ersten gemeinsamen Ausflüge führte uns mit vier Kindern hierher. Noch im Kindergartenalter, aber im Wald waren sie schon die Größten! Versteck spielen im Wald, Pfeilspitzen schnitzen, sogar eine Fallgrube haben sie ausgehoben und liebevoll mit Ästen, Zweigen und schließlich Moos bedeckt. Genau hier im Wald, vielleicht 25 Meter vom Weg entfernt. Hier sind solche Spiele vorläufig nicht sonderlich attraktiv, an vielen Stellen – auch auf dieser Wanderung – gibt es aber ausreichend Wald und Unterholz, herumliegende Äste und Moos. Man muss einfach das Beste aus der Situation machen, denken wir und wünschen uns kluge und nachhaltige Entscheidungen, was die Wiederaufforstung angeht. Tafeln im Wald rufen auch zu Spenden auf, erste Pflanzaktionen haben bereits stattgefunden.

Immerhin sieht man das Zwischenziel unserer Runde nun auch schon von weitem: den Herzbergturm. Zeigte sich dieser früher erst, kurz bevor man die Hofeinfahrt erreichte, ist er nun schon über Hunderte Meter hinweg ein guter Indika-

tor für den noch zu absolvierenden Weg. Rund um den Turm ragen auch wieder mehr Bäume gen Himmel und spenden ein wenig Trost. Wegen der Aussicht wäre der Turm, wegen des Essens die **Gaststätte** auch ein absolut lohnendes Ziel, stände kein einziger Baum entlang des Weges. Kinder rennen als erstes direkt auf den Turm zu, erklimmen die 20 Höhenmeter in rasender Eile und betrachten fasziniert die Umgebung, vom Klettergebiet an den Eschbacher Klippen im Norden, über die Mainebene und der imposanten Frankfurter Skyline im Süden bis zum Großen Feldberg mit seinem markanten Turm im Westen. In weiter Ferne der emporsteigende Wasserdampf aus den Kühltürmen des Kraftwerks Staudinger. Auf diese Weise erhält man eine ungefähre Vorstellung von der Größe des Rhein-Main-Gebiets. Und nebenbei bemerkt man, wie der Großraum doch über sehr viele Grünflächen verfügt. Und mittendurch schlängelt sich etwas behäbig der Main …

Nach unserer ausgiebigen Rast im Gasthof steigen wir in östlicher Richtung ab. Ein steiler Weg, die **Telegraphen-**

Herzbergturm – mit des Kaisers Segen

Kaiser Wilhelm II. selbst erteilte dem Entwurf für den Herzbergturm im Jahr 1910 seine Genehmigung. Der Entwurf stammt von Baurat Louis Jacobi, der auch den Wiederaufbau der Saalburg verantwortete. Insofern verwundert es nicht, dass der Herzbergturm ein wenig an einen römischen Wachturm erinnert. Der 25 Meter hohe Turm wurde im Sommer 1911 eingeweiht, die Gaststätte zu seinen Füßen existiert seit 1932. Von der verglasten Aussichtsplattform des Turms hat man einen exzellenten Blick in die Wetterau, über die gesamte Mainebene sowie auf den Großen Feldberg.

schneise, führt uns in Richtung Bad Homburg hinab, bis wir nach 300 Metern links abzweigen: Unbedingt möchten wir noch die Felsen des **Marmorsteins** ansehen. Wir freuen uns über den Wald, der uns umgibt, und landen dann wieder auf einer Lichtung. Von dort steigen wir auf einem gut erkennbaren Trampelpfad, offenkundig ein beliebter Mountainbike-Trail, hinab in Richtung Marmorstein. Höflich machen wir für heranbrausende Biker Platz. Die – für Taunusverhältnisse – beeindruckende Felsformation weist zwar eine auffällige Marmorierung auf, das Gestein selbst ist allerdings schlichter Taunusquarzit. Für ein paar Klettereinlagen und Fotos reicht es allemal.

Trockenheit, Stürme und der gefräßige Borkenkäfer haben sichtbar ihre Spuren hinterlassen.

Der weitere Verlauf unseres Weges gestaltet sich ohne große Ansprüche, anderen Wandernden begegnen wir dennoch nur vereinzelt. Wir überqueren den kleinen **Kirdorfer Bach** und steuern nun allmählich auf unseren Ausgangspunkt zu. Ein markantes Element unseres Weges, etwa 100 Meter unterhalb des **Landgasthofs Saalburg**, ist die **Jupitersäule**. Diese stellt eine um einige Elemente ergänzte Kopie einer bei Ausgrabungen in Mainz gefundenen Säule dar. Die Kopie

wurde Anfang des 20. Jahrhunderts als zusätzliche Attraktion für das rekonstruierte Römerkastell Saalburg errichtet. Das Original befindet sich im Landesmuseum in Mainz.

Ob man bis dato schon eingekehrt ist oder nicht: Der **Landgasthof Saalburg**, unmittelbar unterhalb des Kastells gelegen, ist schon aus kulturhistorischer Sicht einen Besuch wert. Die ehemalige Pferdewechselstation wurde um 1871 in ein Restaurant mit viktorianischen Elementen umgewandelt. Ein Großteil der Inneneinrichtung ist auch heute noch im Stil der Jahrhundertwende gehalten, darunter die Kaisernische im Eingangsbereich. 2013 wurde das Restaurant in die Liste der hessischen Kulturdenkmäler aufgenommen.

Einkehrmöglichkeit:
Berggasthof Herzberg, Herzbergturm 1, 61350 Bad Homburg, Tel.: 06172-7646161, info@gasthofherzberg.de

Oben: Nur Taunusquarzit und dennoch hübsch anzusehen sind die Marmorstein-Klippen. Rechte Seite: Der triumphierende Jupiter glänzt auch an trüben Tagen.

Distanz: 6,1 km
Gehzeit: 1:30 Std.
Charakter: flach und feucht
Kinderwagen: nein

Im magischen Herbstwald unterwegs

Zwischen Gravenbruch und Neu-Isenburg

Da will ich hin, wie komm ich hin?

ÖPNV: Mit dem Bus nach Gravenbruch zum Kempinski-Hotel. Dann die Hüttenschneise in Richtung Luderbachaue laufen. Dort auf den beschriebenen Weg einbiegen.

Auto: An der L3117 von Neu-Isenburg nach Gravenbruch kurz hinter der Autobahnauffahrt zur A661 rechts auf den Wanderparkplatz einbiegen. Der liegt direkt an der Brandschneise.

Wechselspiel von Wald und Wiese

1996 wurde die Luderbachaue zwischen Dreieich und Neu-Isenburg unter Schutz gestellt. Die feuchten Wälder und Wiesen entlang des Luderbachs sind Lebensraum zahlreicher gefährdeter Tier- und Pflanzenarten und stellen darüber hinaus eine wichtige ökologische Verbindung dar. Sie vernetzen die Wiesenbiotope bei Neu-Isenburg mit den Oberwiesen östlich von Sprendlingen.

Froschparadies: Waldwiesen mit struppigen Gräsern und ausgetrockneten Tümpeln.

„Es ist doch ganz grau draußen und wird früh dunkel, warum sollen wir denn durch den Wald tigern?", die Kinder sind gar nicht begeistert von der Idee, heute noch das Haus zu verlassen. „Ihr habt doch von den Tieren gehört, die in der Dunkelheit so gut sehen können, wir wollen mal schauen, was wir als Menschen noch erkennen können, wenn sich unsere Augen langsam an die hereinbrechende Nacht gewöhnen. Eine Taschenlampe oder das Handylicht brauchen wir nicht." Sie werden neugierig. Und allzu weit weg ist dieser Ort auch nicht, wo wir uns ausprobieren können. „Na gut, wenn es nach der Rückkehr Spaghetti Carbonara gibt, dann ja." Lachend willigen wir ein, denn das ist ein Abendessen, für das sich die ganze Familie begeistern kann. Aber ein Salat dazu muss sein! „Den könnt ihr selber essen", johlen sie. Die Rollen sind klar verteilt: Kinder sind Nudeln und Eltern Salatblätter. Gute Stimmung, die Kinder ziehen sich schon die Schuhe an.

Unser Ziel, die **Luderbachaue,** liegt im Süden **Frankfurts** und **Offenbachs**. Heute ist es etwas schlammig. Aber wir haben alle feste Schuhe an, die Kinder Gummistiefel. Es wird feucht werden, das ist uns klar. Und das Motto ist: Richtig anziehen, denn mit feuchten Füßen ist der Wanderspaß begrenzt. Deswegen sind wir hier, wir wollen abseits der großen Wege eine Bachaue entdecken und über die langgrasigen Waldwiesen streifen. Zunächst aber sind wir in einem Wald, wo Bäume nummeriert sind. „Ist das der wilde Wald, von dem ihr uns erzählt habt?", spotten die Kinder. „Wartet es ab", schon bald haben wir den breiten Waldweg, die **Brandschneise**, verlassen, der auch Teil des hessischen Radfernweges R8 ist.

Es ist November, die Bäume sind noch belaubt. Wir hören die Autos auf der nahegelegenen Landstraße nicht mehr. Die Blätter dämpfen jedes Geräusch. Stille und graues Tageslicht umfängt uns, heute ist es den ganzen Tag nicht richtig hell geworden. Aber wir können alles gut erkennen, keine künstliche Lichtquelle ist in der Nähe. Das Laub raschelt, in tausend gedeckten Grün- und Rottönen leuchtet der herbstliche Wald. Und das, obwohl keine Sonne scheint. Es ist eine wispernde und magische Welt, in die wir bald eintauchen. Wir reden auch nicht mehr so laut wie am Anfang der Tour.

Vom Parkplatz sind wir noch keinen Kilometer entfernt. Es geht einen Auf und Ab-Pfad entlang, frisches Grün markiert die Stellen, wo vor einiger Zeit ein Fahrzeug mit Waldarbeitern unterwegs gewesen sein muss. **Bubchesschneise** heißt der Weg auf der Karte. „Und wo bleiben die Mädchen?", wollen die Kinder wissen, „warum nur Bübchen?" „Also, wir benennen den Pfad für uns um", erklären die Eltern. „Mädsche unn Bübsche-Schneise" ist nun unser Name, ganz hessisch ausgesprochen. Unser Geheimname für diesen Weg, denn den kennt keiner außer uns. Einige Meter weiter lauert ein Jäger-Unterstand, ein wenig unheimlich ist es durchaus. Wir nähern uns vorsichtig, spähen, ob da jemand drin ist. Natürlich nicht, aber so eine fahrbare Jägerbox sehen wir selten. Wir wissen allerdings, dass es in diesen Wäldern viele **Wildschweine** gibt. Ein Teil muss geschossen werden, sie

haben keine natürlichen Feinde. Nach der Jagd werden die Tiere zerlegt und in der Wildkammer des **Frankfurter StadtWaldHauses** angeboten, das liegt auf der anderen Seite von Neu-Isenburg.

Eine größere Wiesenfläche liegt linker Hand. Ein Bach ist nicht zu sehen, vielleicht ist er ausgetrocknet? Das wollen wir herausfinden und streifen über die **Eckhardswiese**. Ein windschiefer Hochsitz thront am Waldrand. „Na, kein Wunder, dass der Jäger sich die fahrbare Jagdbox angeschafft hat, der olle Hochsitz sieht morsch und brüchig aus. Aber auch gut, so romantisch, wie ein Hochsitz aus dem Märchen." Die Wiese besteht aus extralangem Gras, das speichert viel Feuchtigkeit. Zum Glück haben die Kinder Gummistiefel an und sind warm eingepackt, denn wir bleiben öfter stehen,

Der Waldladen im Frankfurter StadtWaldHaus

Im Stadtwald sind viele Tiere unterwegs: Damwild, Rehe, Muffelwild, Rotwild und natürlich Wildschweine in rauen Mengen. Diese haben keine natürlichen Feinde mehr und würden sich stark vermehren, weswegen regelmäßig Jäger durch den Wald streifen. Das frisch erlegte Wild wird von den Förstern in die moderne Wildkammer transportiert, dort gekühlt und anschließend durch einen Metzger zerlegt und verpackt. Stolz preist die städtische Wildkammer ihre Ware an: „Somit kann ein Naturprodukt erworben werden, das aus dem Stadtwald mit seiner nachhaltigen Waldwirtschaft stammt. Das angebotene Fleisch stammt ausschließlich von Wild aus dem Stadtwald, ist frei von verfütterten Hormonen und Medikamenten, besonders mager und reich an Omega-3-Fettsäuren." Öffnungszeiten: Ganzjährig Di.-Do. 15-18 Uhr, in der Hauptsaison Anfang Okt-Ende Dez. noch der 1. und 3. Sa. im Monat von 9-13 Uhr.

um still zu schauen und darauf zu achten, ob irgendwo ein Tier zu sehen ist.

Flechten an den Bäumen zeigen: hier ist die Luftqualität in Ordnung.

Wir gehen weiter, überqueren die **Gravenbruchschneise** und kommen in einen Bereich, in dem vor langer Zeit einige Teiche ausgehoben worden sind. Auch sie sind ausgetrocknet. Die Luderbachaue steht unter Naturschutz, weil die mitten im Wald liegenden Wiesen eine besondere Mischlandschaft darstellen: Eine jahrhundertealte **Grünlandaue**, die vor allem aus Rodungen zwischen den Jahren 1300 und 1500 hervorgegangen ist. Die umliegenden Wälder wurden als Staatsforst ebenfalls lange Zeit hochwaldartig genutzt und es gibt viele alte **Buchen** und **Eichen**. Das sehen wir, eine riesige Eiche steht wie ein guter Geist am Rande der Wiese und wacht über die jüngeren Bäume. „Damit sie keinen Quatsch machen", amüsieren sich die Kinder, das ist die „Opa-Eiche". Wir streifen weiter, es wird immer ein wenig dunkler. Aber fast unmerklich, denn unsere Augen passen sich perfekt an das weniger werdende Tageslicht an. Schließlich überspringen wir das fast ausgetrocknete Bachbett des **Luderbachs**. Ein anständiger Pfad, nicht zu breit, nicht zu schmal, führt zur **Bestewiesenschneise**. Da ist er dann auch wieder, der hessische Radfernweg R8, der auf einem Teilstück von Frankfurt nach Darmstadt führt. Zwei Reiter sind unterwegs. Ein kurzer Gruß. Dann sehen wir sie auf dem Waldweg davontraben.

Wir stellen uns vor, wie Menschen über Jahrhunderte gereist sind. In schwankenden Postkutschen oder auf dem Rücken der Pferde. Oder, ziemlich viele wahrscheinlich, einfach zu Fuß. Tage- und wochenlang. Es ist anstrengend, so zu reisen. Eine Rast ist auf jeder unserer Touren ein Muss. Dafür haben wir vorher schon ein „Dach über dem Kopf" auf der Karte gesucht. Die **Gotthard-Franke-Hütte** bietet sich an. Sie liegt an der **Holländerbornschneise** zwischen zwei großen Wiesen. „Sieht aus wie eine alte Postkutschenstation", meinen die Kinder. Sie sind in Gedanken noch bei den beiden Reitern. Wir haben Tee vorbereitet, auch warmen Kakao in der Thermoskanne und einige leckere Stullen. Denn uns ist klar, eine schöne Tour braucht auch immer eine passende Verpflegung und mit streng schmeckenden Camembert hätten wir nicht punkten können. Die Hütte ist gepflegt und hat einen gepflasterten Boden. Wir haben eine große Stumpenkerze mitgebracht und stellen sie als Lagerfeuerersatz auf die Steine. Schöne Stimmung, ganz heimelig, flackerndes Licht, nicht zu hell.

Rechte Seite: Ein brüchiger Hochsitz am Waldsaum regt die Fantasie an: Wann ist er gebaut worden? Haust da oben ein Waschbär? Nachschauen geht nicht, die Leiter ist morsch. So bleibt die Geschichte offen…

Die Kinder spähen über die Wiese. Da, unerwartet, sehen wir einige **Rehe** auf der Lichtung. Die Tiere wittern vorsichtig, dann kommen sie aus dem Schutz des Waldes hervor. Wir sind mucksmäuschenstill. Ein Zauber liegt über der Szene. Die scheuen Waldbewohner zeigen sich. Eines der Kinder muss niesen, es schallt aus der Hütte heraus. Die Tiere zucken erschreckt und verschwinden mit großen Sprüngen im Unterholz.

Zeit auch für uns, den Rückweg anzutreten. Natürlich nicht den Weg entlang, den wir gekommen sind, sondern über die Wiese auf ein schmales Waldstück zu. Das müssen wir

queren und dann stehen wir auf der großen Fläche der **Seibertswiese**. Eine riesige Grasfläche, ziemlich uneben. Hier gibt es ein Orientierungsspiel für alle: Auf der anderen Seite ist der Weg, den wir durch das angrenzende Waldstück nehmen wollen. Wer kann ihn erkennen? Nicht so hastig, bitte genau hinschauen. Wir beobachten aufmerksam den Waldrand und sprechen darüber, was Anzeichen für einen Pfad sein könnten. Schließlich einigen wir uns auf den Punkt, auf den wir zulaufen wollen. Im Gänsemarsch geht es über die holprige Fläche. Bingo! Glück gehabt, nein natürlich nicht: „Genau beobachtet“, rufen die Kinder. Wir haben die richtige Stelle gefunden, von hier aus führt schnurstracks ein blättriger Pfad wieder auf die **Bestewiesenschneise** zu. Inzwischen ist es noch dunkler geworden. Die Kinder sind fasziniert von der Anpassungsfähigkeit ihrer Augen. Lampen fehlen uns nicht. Sie spielen „Reh-sein“, wittern, imitieren die Sprünge des Rotwildes. Wir sind wieder auf der großen Waldstraße, wenden uns nach rechts. Sind uns aber einig, die kleinen Pfade sind die spannenderen Wege durch den Wald. Das heißt, bei der nächsten Gelegenheit abbiegen.

Na bitte, gewunden, eng, geheimnisvoll, so lockt der schmale Pfad. Es gibt auch ganz unterschiedliche Baumgesellschaften. Hier ist der Wald kleinwüchsig und in Reihen gepflanzt. „Sieht aus wie von einer Maschine in den Boden gesteckt“, wundern sich die Kinder. Es wird trotzdem ein wenig unübersichtlich. Pfade enden im Unterholz, jetzt beginnt der Expeditionsteil der Tour. Wir knicken und knacken durch Gebüsch, ein großer Vogel über uns flattert davon, gleitet dann in großer Höhe über die Wiese. Jetzt müssen wir uns richtig orientieren, finden die große Wiese vom Hinweg wieder. „Ich erkenne das, schaut mal, da ist wieder die Opa-Eiche zu sehen.“ Freude, Erkenntnis, Spaß am Freistil-Wandern. „Dann geht es jetzt dort hinten weiter“, gut kombiniert! Wieder über den fast ausgetrockneten Luderbach, aber links statt rechts.

Wir wollen ja zum Auto zurück. Einige Hundert Metern den Pfad entlang, dann bleiben wir wie angewurzelt stehen.

Eine mächtige Buche ist von der Kraft des Windes erwischt worden. In ungefähr fünf Metern Höhe wurde der Baum abgedreht, splitterte vielfach auf und stürzte als Tor über den Weg. Bequem können wir drunter durchgehen. „Irre, was für eine Kraft der Wind haben kann", gruselt es uns. An Tagen wie heute allerdings nicht, zum Glück weht nur ein laues Lüftchen. Da außer uns kaum andere Menschen im Wald unterwegs sind, haben wir noch das Glück, den lautlosen Flug eines **Eulenvogels** zu erleben. Wir wissen natürlich nicht genau, was für ein Kauz das ist, aber plötzlich erhebt sich über uns mit entfalteten Schwingen ein schwarzer Schatten von einem Ast und verschwindet im Gleitflug. Da kommt wieder der Parkplatz in Sicht, es ist fast ganz dunkel geworden, aber eine Taschenlampe haben wir noch immer nicht gebraucht.

Herbstliches Wechselspiel der Farben im Wald. Eine Wanderung in die Dämmerung hinein ist eine tolle Sinneserfahrung.

Nur vier Stunden waren wir unterwegs gewesen und haben eine Parallelwelt erlebt, mit feuchtem Laub, scheuen Tieren und einer milden Dämmerung, die uns gezeigt hat, wie viel Natur noch in uns steckt. Die Kinder sprechen noch lange von diesem halben Ausflugstag: ein Einblick in die Welt des Zwielichts.

Distanz: 10,5 km
Gehzeit: 2:45 Std.
Charakter: länglich
Kinderwagen: ja

Füße rein in den Rhein!

Am Kühkopf bei Stockstadt am Rhein

Da will ich hin, wie komm ich hin?

ÖPNV: In Goddelau-Erfelden und Stockstadt gibt es Bahnhöfe. Der Stockstädter liegt näher an der Altrheinbrücke, nicht so wichtig, wenn man mit Zug und Rad unterwegs ist. Zu Fuß macht es einen großen Unterschied.

Auto: In Erfelden, direkt am Rheindeich, bei der Fußgängerbrücke, befindet sich ein angenehmer Parkplatz. In Stockstadt ist noch mehr Parkraum vorhanden. Da sich dieser nicht weit entfernt vom Hofgut Guntershausen befindet, bietet sich dieser Parkplatz für die vorgeschlagene Tour an.

Fahrrad: Der Kühkopf ist ein top Gegend zum Radeln. Das hessische Ried ist flach, nur der Gegenwind kann an stürmischen Tagen lästig werden.

Am Ziel lockt verführerisch der Florida-Strand

Zugegeben, ein bisschen abseits liegt der Kühkopf schon. Von den großen Städten im Rhein-Main-Gebiet ist es ungefähr eine Stunde Fahrt, entweder mit dem Auto oder dem ÖPNV. Deswegen ist die Insel prima für einen Tagesausflug geeignet. Im Sommer wie im Winter gibt es viel zu entdecken und die weite Landschaft tut der Seele gut. Für kleine Kinder ist ein Laufrad sehr zu empfehlen, die Strecken ziehen sich auf der weitläufigen Insel in die Länge. Und ja, auch der Florida-Strand ist weit weg, aber ein Besuch lohnt sich unbedingt.

Kühkopf

Die Insel „Kühkopf" entstand in den zwanziger Jahren des 19. Jahrhunderts. Es war die Idee von Wasserbau-Ingenieuren, den Rhein zu begradigen. Dafür wurde ein Durchstich bei Guntersblum geplant. Ein kluger Planer, Johann Gottlieb Tulla, der Oberwasserbau- und Straßendirektor, hatte ein Händchen dafür: Ein nur sieben Meter breiter und mehr als drei Kilometer langer Graben wurde gebuddelt. Wasser Marsch! Ein letzter Damm wurde geöffnet und strömend ergoss sich die Flut in den Graben. Rasch vergrößerte die Wucht des riesigen Flusses den Graben und schon bald floss die Masse des Wassers am Altrhein vorbei. Der ist heute ein verträumtes Naturparadies.

Ein Blick auf die Karte. Alles klar! Eine grün eingefärbte Insel verspricht Naturvergnügen ohne Autos. Zwei Brücken führen vom Festland auf den **Kühkopf**. **Erfelden** und **Stockstadt** sind die Orte, die früher am „Hauptrhein" lagen und sich heute am „Altrhein" befinden.

Der Kühkopf ist ein ganzjähriges Ziel. Im Sommer oft glühend heiß, gerade auf den weitläufigen Wiesen in der Mitte der Insel, wo kaum Sonnenschutz zu finden ist. Und es sind auch viele Mücken und Schnaken unterwegs, eine wirkungsvolle Insektenabwehr gehört unbedingt mit in den Rucksack. Im Winter dann geheimnisvoll neblig, die **Kopfweiden** recken ihre langen Äste zum Himmel. Knubbelig sind sie, eindrucksvolle Baumgestalten. Tausendfach sind Misteln in den hohen **Pappeln** zu finden. Der Kühkopf in November und Dezember: Wow! Da kommen Fotografen auf ihre Kosten. In spektakulärer Grafik heben sich Ast- und Mistel-Geflecht vom Himmel ab. Oder, wenn es geheimnisvoll neblig ist, verliert es sich mystisch im Ungewissen.

Der Florida-Strand ist an heißen Tagen ein traumhaftes Plätzchen für eine ausgedehnte Pause.

Unsere Geschichte spielt aber im Sommer. Freunde luden zu einem Picknick am **Rheinstrand** ein, weit hinten auf der Insel gelegen. Stellte sich die Frage: wie kommen wir dahin? Zwei Möglichkeiten gibt's, entweder per Rad auf den gut ausgebauten Wirtschaftswegen oder zu Fuß möglichst im Schatten der Bäume auf kleinen Pfaden. Nicht geteert, das ist wichtig, natürlich muss es federnder Waldboden sein, auf denen die Füße nicht so schnell ermüden. So oder so, unbedingt ausreichend Wasser mitnehmen. Denn Kinder werden rasch durstig und die Laune hängt an einer guten Versorgung mit Essen und Trinken.

Los geht's. Um den Florida-Strand zu erreichen, ist **Stockstadt** der beste Ausgangspunkt. Zu Fuß sind wir unterwegs, wollen auf schmalen schattigen Pfaden zum weit entfernten Rhein gelangen, es sind vier bis fünf Kilometer. Touren mit Kindern gehorchen eigenen Gesetzmäßigkeiten, eine spannende Abwechslung muss am Weg liegen. Erste Attraktion ist der **Hof Guntershausen**, kurz nachdem wir die Brücke zur Insel hinter uns gelassen haben. Das dort ansässige **Umweltbildungszentrum** erläutert die „Schatzinsel Kühkopf", wie sie dort als Hinweis auf die kostbare und reichhaltige Pflanzen-und Tierwelt genannt wird. An Wochenenden ist das Hofgut geöffnet, eine nette Einkehr-

möglichkeit gibt's in dem weitläufigen Hof auch. Aber wir wollen die Tour nicht mit einer Pause starten. Deswegen merken wir uns all die schönen Dinge, die man im Hofgut sehen und schnabulieren kann, für den Rückweg. Wichtig: Außer diesem Ort gibt es auf der ganzen Insel keine weitere Einkehr, alles muss transportiert werden. Kein Problem mit dem Fahrrad, da passt viel in die Packtaschen. Zu Fuß ist ein anständiger Rucksack nötig. Muscheln, gebleichte Wurzeln und kleine Steinchen sollen als Erinnerungen auch ihren Platz finden.

Plötzlich ertönen aufgeregte Rufe, Federn liegen im Gras. Sieht so aus, als konnte eine Taube dem Greifvogel nicht mehr entkommen. Die Kinder sind bei der Spurensicherung. Sie begutachten die Federn, die Flügel liegen auch noch da, den Körper des Vogels finden sie jedoch nicht. Ein älterer Wanderer kommt vorbei, Lachfältchen um die Augen: „Das ist ja spannend, was ihr da gefunden habt", beginnt er das Gespräch mit den Kindern, „zeigt mal her". Der Wanderer beginnt zu erzählen: „Ein großer Greifvogel hat sich wahrscheinlich das Fleisch geholt. Der Schwarzmilan ist das Symbol des Kühkopfs. Er ist in Deutschland vom Aussterben bedroht, und hat hier – im Auwald dieser Rheininsel – seine Überlebenschance gefunden. Nirgendwo sonst in Mitteleuropa siedeln und brüten so viele Milane wie hier." Die Kinder schauen den Erzähler staunend an, was der alles weiß! Er lacht: „Ich war mal Biolehrer, in Groß-Gerau." Und erklärt weiter. Dass der bei uns seltene **Schwarzmilan** an seinem elegant schaukelnden Flug und am schwach gegabelten Schwanz zu erkennen ist. Über seiner Beute steht er oft flügelschlagend an einer Stelle in der Luft. Und plötzlich schießt er zu Boden und schnappt sich die Taube mit seinen messerscharfen Krallen. Der pensionierte Lehrer kann toll fabulieren, aus dem Feder-Fund entsteht eine ganze Geschichte. Er verabschiedet sich von uns und sagt, schon zum Gehen gewendet: „Aber vielleicht sehen wir uns heute nochmal wieder. Diese Insel ist zwar groß, ich habe aber schon viele Leute am selben Tag zwei- oder dreimal getroffen."

Es ist gut dreißig Grad warm, wir laufen durch den **Erlenwald** und halten uns am Waldsaum Richtung **Kälberteicher Hof**. Glücklicherweise machen die Mücken uns nicht besonders zu schaffen, die kommen erst in der Abenddämmerung in großen Schwärmen. In bestimmten Flachwasserzonen wurden im Sommer auf einem Quadratmeter Fläche ungefähr 40.000 geflügelte Insekten gezählt. Die Kinder staunen. „Und wie viele stechen davon?". „Na, die Hälfte wahrscheinlich, bei den Rheinschnaken sind nur die Weibchen die Blutsauger."

Wer vermutet so viele Muscheln am Rheinstrand?

Es geht weiter, auf der Karte sehen wir die Flurnamen **Jungbusch** und **Eiswasser**. „Oh, Eiswasser hätten wir jetzt auch gerne", jammern die Jüngsten. Kein Problem, aus den Tiefen des Rucksacks holen wir zwei Literflaschen hervor. Wir hatten sogar daran gedacht, Weinkühl-Manschetten darum zu legen. Durch geschickte Planung (wir klopfen uns insgeheim selbst auf die Schulter) geht es fast die ganze Strecke

bis zum Rhein durch den Wald. Nur das letzte bisschen, ein Weg an der großen Wiese **Geyer** entlang, brät uns die Sonne. „Wie lang ist es denn noch?“, murren die Kinder. „Er muss gleich kommen.“ Den **Florida-Strand** sieht man leider nicht von weitem, es geht ein bisschen die Böschung hinunter.

Wir hören Stimmen. Plantsch-Geräusche, freudiges Johlen. Kleine Grüppchen von Leuten sind auf der weiten Fläche verstreut. Eine Geburtstagsgesellschaft hat sogar einen Tapeziertisch mitgebracht. Das sieht gut aus: herrlich bunte Farben als Tischtuch, Obstschalen, Salate. Man sieht gleich, dass es sich um erfahrene Outdoor-Fans handelt. Alles ist opulent, aber leichtgewichtig. Denn um in der Natur Spaß zu haben, muss man seine Grenzen kennen. Wenn es kurz nach dem Aufbruch schon schwer wird, dann ist jeder weitere Kilometer zu viel. Deswegen Gewicht sparen, wo immer es geht.

Unsere Freunde begrüßen uns mit großem Hallo. Die Kinder spielen im seichten Wasser. Zum Schwimmen ist der große

Baumriesen mit nassen Füßen

Die Hartholzaue ist die in Mitteleuropa artenreichste natürliche Lebensgemeinschaft. Es sieht aus wie im Dschungel, mehr als vierzig Gehölzarten sind im Bereich Karlswörth auf dem Kühkopf zu finden. Und die halten was aus: Bis zu 100 Tage stehen manche Bäume wie Stieleiche und Ulme im Hochwasser. Das sind Überlebenskünstler. In der Hartholzaue finden sich auch viele Waldvögel, vor allem die verschiedenen Spechtarten. Greifvögel und Graureiher haben ihre Brutplätze weit oben im Geäst. Berühmt sind die Frühblüher Blaustern, Primel und Bärlauch in der Knoblochsaue, auf der anderen Seite des Altrheins.

Fluss zu gefährlich. Aber der Strand ist eine Flussbucht, perfekt zum Abkühlen an diesem warmen Tag. Und Muscheln, ganz viele Muscheln gibt es. Das hätten wir nicht gedacht. Es ist wie am Meer, große und kleine, viele Formen, eine schöne Abwechslung. Die Erwachsenen dösen im Schatten, die Kinder sammeln für ein Muschelmuseum. Später kommen wir ins Gespräch mit der Tapeziertisch-Geburtstags-Gruppe. Ein Paar ist sogar mit dem Motorboot aus Mainz an den Strand gekommen. Ein schnittiger orangener Flitzer, bestimmt schon 30 Jahre alt. Ein Motorbootchen, das perfekt zum 70er-Jahre-Ambiente des Strandes passt. Erstaunlich, was es alles in unserer Region an super Orten gibt, von denen man gar nicht ahnt, dass sie existieren.

Das Fahrrad ist auf der großen Kühkopfinsel das ideale Fortbewegungsmittel

Stunden vergehen, herrliche Sommerfrische, aber wir wollen noch den **Hofgut Guntershausen** mit der aufwendig gestalteten Ausstellung zum Kühkopf mitbekommen. Also, los geht's. Und wir treffen sogar wieder Meister Graubart, den netten Biolehrer. Wir gehen in die gleiche Richtung und er erzählt uns noch ein wenig über die besondere Landschaft. Er deutet mit dem Arm Richtung Norden. „Die am tiefsten gelegenen Weichholzauen – verschiedene Weiden und Schwarzpappeln – können bis zu zweihundert Tage im Wasser stehen. In der Aue lebt eine hochspezialisierte Lebensgemeinschaft. Weidenmeise, Gartenrotschwanz und Waldkauz freuen sich über das reichliche Höhlenangebot. Hier leben auch viele Störche. Seltene Pilze und holzzersetzende Insekten bauen das schnell vergehende weiche Holz ab.“ Dann kommt das Hofgut in Sicht, wir verabschieden uns von dem freundlichen und redseligen Wandergefährten.

Rechte Seite: Auf der Insel Kühkopf werden alte Bäume stehen gelassen, bis sie von selbst zusammenbrechen. Sie sind wichtiger Lebensraum für Vögel, Fledermäuse und Insekten.

Die „Schatzinsel“-Halle der Kühkopf-Ausstellung sieht spitzenmäßig aus. Teilweise blanker Ziegelstein, weiß gekalkt der Verputz, riesige Fenster, interaktive Lernstationen, hier wurde nicht gespart. Das kommt bei den Kindern gut an. Sie lernen, dass es in den naturnahen Auen eine Vielzahl verschiedener Gewässertypen gibt. Ganz spezielle Tier- und Pflanzengesellschaften hausen dort. Rhein und Altrhein mit ihren Wasserstandschwankungen von bis zu sieben Metern sind ein wichtiger Lebensraum für Fische und fischfressende Tierarten. Von den ehemals 47 heimischen Fischarten sind 43 wieder im Rhein verbreitet. Na bitte, ist doch nicht alles schlecht trotz unserer Umweltsorgen, die auch schon auf die Kleinen abfärben. „Der Altrhein mit den bei hohen Wasserständen überfluteten Schilfdickichten ist einer der wichtigsten Laichplätze für Wildkarpfen und Hechte am nördlichen Oberrhein“, heißt es im Ausstellungstext. Zum Glück wird dieses Wald- und Wasserwunderland gut geschützt. Die Kinder wollen lange in den Räumen bleiben, das soll uns recht sein. Wir warten lässig zurückgelehnt in dem netten Ausschank inmitten des weitläufigen Hofes. Entspannte Betriebsamkeit, die vielen Ausflügler wissen die gastliche Station zu schätzen. Toller sommerlicher Spätnachmittag. Und bevor dann die berühmten Rheinschnaken kommen, mit ihrem unstillbaren Durst auf unser Blut, packen wir unsere Rucksäcke und brechen wieder auf. Kühkopf! Das war nur der Anfang, wir kommen wieder!

Distanz: 7,4 km
Gehzeit: 2 Std.
Charakter: lang, aber eben
Kinderwagen: ja

Wald, Wiese, Wasser und alte Steine

Zwischen Heusenstamm und Dietzenbach

Da will ich hin, wie komm ich hin?

ÖPNV: Mit der S-Bahnlinie S2 bis zum Bahnhof Heusenstamm. Von dort zu Fuß bis zum Startpunkt der Tour (1.600 zusätzliche Meter, 20 Minuten) oder mit dem Sammeltaxi ASTOF-38 bis zur Philipp-Reiss-Straße. Von dort in die Industriestraße bis zu deren Ende laufen. Das Sammeltaxi muss mindestens 30 Minuten vorher telefonisch unter 06104-65522 bestellt werden.

Auto: Aus nördlicher, östlicher und westlicher Richtung kommend in die Ringstraße abbiegen. Aus Norden und Westen nach knapp einem Kilometer rechts, aus östlicher Richtung kommend nach 1,2 Kilometern links in die Industriestraße einbiegen. Nach 440 Metern links in die Werner-von-Siemens-Straße bis kurz vor deren Ende fahren. Dort am Straßenrand parken.

Kurzweiliges Wechselspiel der Naturlandschaften

Die etwas längere Wanderung zwischen Heusenstamm und Dietzenbach bietet alles, was man sich von einem Ausflug ins Grüne verspricht: Viel Wald, offene Landschaften, einen romantischen Bachverlauf und einiges mehr. Dabei lassen sich Tiere beobachten und Naturphänomene wie ein Himmelsauge. Zudem erfahren wir, wozu man eine Nachtweide benötigt.

Frostige Stimmung am Patershäuser Feld. Noch wärmt die Morgensonne nicht.

Für uns Ausflugsprofis sind Wanderungen rund um das **Hofgut Patershausen** fast schon ein Klassiker. Ob zu Fuß oder mit dem Fahrrad – hier locken viele Wege und Varianten, bei denen sich stets Neues entdecken lässt. Wem es auf den Hauptwegen an sonnigen Wochenendtagen zu sehr vor Radfahrern und Spaziergängern wimmelt, zieht man sich einfach auf meist parallel verlaufende und wenig genutzte Waldwege zurück. Bei hohen Temperaturen lässt es sich dort ohnehin besser aushalten. Diesmal jedoch ist alles anders: Wir entscheiden uns zu einer Winterwanderung bei frostigen Temperaturen und am frühen Morgen. Warme Jacke, Mütze, Handschuhe und los geht's!

Wir starten im Süden **Heusenstamms** in der **Werner-Reiss-Straße**, unmittelbar an einer Fußgängerunterführung der S-Bahnlinie und stehen direkt am Rande des **Stadtwalds**. Ein paar Schritte südwärts, dann nach links in den ersten Waldweg bis zum nächsten größeren Feld. Der Mischwald schützt uns hier gut vor dem eisigen Wind, eine dünne Schneedecke und Raureifschicht überziehen dabei alles mit einem heiteren Glanz. Am Feld – genau genommen einem

Acker – angekommen, wenden wir uns nach rechts, nach etwa 400 Metern geht es wieder nach links, direkt auf eine riesige Freifläche, dem **Mühlfeld** oder **Patershäuser Feld**, zu. Bevor wir dort sind, blitzen die ersten Sonnenstrahlen zwischen den dünnen Fichtenstämmen hindurch. Noch wärmt die Sonne aber nicht.

Weit über einen Kilometer reicht der Blick nach Süden über nahezu freies Feld. Eine durchgängige, leicht mäandernde Baumreihe lässt erahnen, dass hier der **Bieberbach** entlang fließt. Dahinter erspähen wir bereits die Umrisse des Hofguts Patershausen. Uns aber zieht es erst einmal am Waldrand entlang nach Osten, immer an der Grenze von Wald und freier Flur entlang. Mächtige **Eichen** stehen hier am Wegrand und neigen sich der Sonne entgegen. Das wirkt ohne Laub noch eindrucksvoller als im Sommer: Fingerartig strecken sich die gekrümmten bis gezackten Äste und Zweige sehnsüchtig Richtung Wärme.

Mühle und Siedlung Renigishausen

Über die Renigishäuser Mühle ist bislang recht wenig bekannt. Fundstücke von dort konnten bis ins 9. Jahrhundert datiert werden, die meisten stammen aber aus dem 15. bis 17. Jahrhundert. Vermutlich stand sie noch bis ins 18. Jahrhundert und verfiel anschließend.

Ebenfalls im 9. Jahrhundert findet eine Ansiedlung namens Renigishausen Erwähnung, die sich auf dem Gebiet des heutigen Mühlfelds befunden haben soll. Für 1220 existiert eine Schenkungsurkunde für den Hof vom Kloster Seligenstadt an das Kloster Lorsch. 1385 werden Bewohner der Bieberer Mark angewiesen, ihr Öl in der Mühle zu schlagen - ob sie sich damals in deren Besitz befand, ist ungeklärt. Von dieser Siedlung wurden bislang keine Überreste gefunden.

Unser erstes Etappenziel befindet sich am östlichen Ende des Mühlfelds, denn hier erschließt sich auch dessen Name: Direkt am Ufer der Bieber befinden sich die freigelegten Reste einer Mühle, der **Renigishäuser Mühle**. Diese wurde nach vorangegangenen Bodenuntersuchungen erst 2009 freigelegt, 2010 wurde dann die direkt nebenan befindliche Bieberbrücke im Rahmen eines Regionalpark Rhein-Main-Projektes neugestaltet.

Wir wenden uns von der Historie ab und wieder der Natur zu: Gleich nach Überquerung der Bieber befindet sich eine größere, flache auenartige **Uferlandschaft**, die mit ihren vielen umgestürzten Bäumen einen wild-romantischen Eindruck hinterlässt. Hier fühlen sich bestimmt auch **Frösche, Vögel** und **Insekten** wie im Paradies. Im Sommer ist der Bachlauf in Richtung Heusenstamm ein beliebtes Ziel für Familien. Eine großzügige Wiese lädt zum Austoben und Picknicken ein, außer bei Hochwasser lässt es sich auch am und im Bach wunderbar spielen. Noch einige Meter weiter stoßen wir auf einen breiten Wander- und Radweg, den

Nieder-Röder Weg. Hier halten wir uns rechts, verlassen ihn aber nach gut 300 Metern wiederum rechts abbiegend.

Idyllisch, märchenhaft, verwunschen: die Stimmung des Auenwalds gegenüber der ehemaligen Renigishäuser Mühle.

Plötzlich vernehmen wir wildes Gezwitscher zu unserer linken Seite im Wald. Was mag das sein? Schon erspähen wir vergnügt flatternde **Kohlmeisen**, für die ein guter Geist ein Vogelhaus samt Vogelfutter aufgestellt hat. In der kühlen Winterlandschaft dieses Morgens sind die Meisen ein sehr willkommener Farbtupfer, zumal sich die Mehrzahl der Waldbewohner im Winterschlaf befindet. Zurück in Richtung Bieberbach gehen wir wiederum am Waldrand entlang und erfreuen uns der nun doch leicht wärmenden Sonne.

Schon bald stoßen wir auf den Bach, der sich hier leicht schlängelt und an beiden Ufern von Büschen und Bäumen umsäumt ist. Das Bachbett ist hier besonders abwechslungsreich, teils ist es eng, das Wasser nimmt Fahrt auf, teils gibt es ausladende Uferzonen, die wirken wie ein Sandstrand en miniature. Nach etwa 500 Metern verlassen wir die Bieber und laufen weiter, immer am Waldrand ent-

Rechte Seite: Im Sommer lässt es sich wunderbar durch den Bieberbach waten. Kurz vor dem Gefrierpunkt besser nicht.

lang. Auf unserer rechten Seite taucht wieder das Hofgut Patershausen auf, mit einigen Dutzend friedlich wiederkäuender **Rinder**. Wir folgen nun dem Verlauf der Weide und biegen nach rechts auf den **Rembrücker Weg** ab, welcher uns direkt zur **Nachtweide von Patershausen** bringt. Südlich angrenzend entdecken wir eine weitere Besonderheit: einen kleinen **See**, der weder einen Zu- noch einen Ablauf hat und auch nicht durch Grundwasser gespeist ist. Dieses Feuchtbiotop wird ausschließlich durch Niederschläge bewässert und ist daher bei geringen Niederschlägen auch mal trockengelegt. Diese Art Gewässer nennt man auch **Himmelsauge**.

Nun wenden wir uns nach Norden und gehen auf den stattlichen Komplex des **Hofguts Patershausen** zu. Dieses hat eine lange und vor allem sehr wechselvolle Geschichte aufzuweisen: Bereits im Jahr 806 findet man in Urkunden Erwähnungen des Klosters Patershausen, das von Benediktinern geführt und bewirtschaftet wurde. Sie machten umliegende Flächen fruchtbar und betrieben es bis in die Anfänge des 13. Jahrhunderts. Es wurde von Ulrich I. von Hagen-Münzenberg erworben und von dessen Schwester in ein Zisterzienserkloster umgewandelt. Es beherbergte bis zu 50 Nonnen und erlebte eine erste Blüte – bis zur Re-

Nachtweide von Patershausen

Seit 1987 ist das 17 ha große Gebiet am Hofgut als Naturschutzgebiet ausgewiesen. Der Name Nachtweide bezieht sich auf den früheren Verwendungszweck: Ackertiere und Zugpferde verbrachten hier ihre Abende und Nächte. Auf den feuchten Wiesen entlang des Bieberbachs sind zahlreiche Tierarten heimisch, darunter 10 Amphibienarten. Besonders wohl fühlt sich hier der Laubfrosch.

formation. Im Anschluss ging der Ort an den Jesuitenorden, bis um 1630 die Zerstörung im Dreißigjährigen Krieg durch schwedische Truppen erfolgte. Die Jesuiten bauten das Kloster im Anschluss wieder auf und führten es eine Zeit lang erfolgreich, bis es um 1725 aufgegeben wurde. Im Jahr 1741 kaufte Gräfin Maria Theresia von Schönborn das Gelände, wandelte es in ein Hofgut um und errichtete ein neues Herrenhaus im barocken Stil. 1954 schließlich wurde die bislang selbstständige Gemeinde Patershausen aufgelöst und in die Gemeinde Heusenstamm integriert. Seit 1978 gehört der Hof mitsamt Feld- und Forstbesitz der Gemeinde.

Seit zwei Stunden sind wir nun in der winterlichen Kälte unterwegs, es wäre an der Zeit für eine Pause. Wie gut, dass wir nun unmittelbar am Hofgut angekommen sind. Leider müssen wir uns angesichts der Jahreszeit mit dem mitgebrachten Tee aus Thermoskannen trösten, denn der Biergarten hat erst ab März und dann auch nur bei schönem Wetter und am Wochenende geöffnet. Vom Tee erwärmt machen wir uns nun auf den Weg in Richtung Norden zu unserem Parkplatz. Ein letztes Mal überqueren wir die Bieber und sehen rechts ein Steinkreuz in der Wiese stehen. Dabei handelt es sich um ein **Sühnekreuz**, von denen es im Kreis Offenbach noch 16 Exemplare gibt. Es ist aus der geologischen Formation Rotliegend gefertigt und geht vermutlich auf die Zeit zwischen dem 13. bis 16. Jahrhundert zurück. Sühnekreuze weisen in aller Regel auf ein Gewaltverbrechen hin, in dessen Folge es zu Blutfehden kam. Mittels Sühneverträgen hat man diese beendet, das Errichten eines Sühnekreuzes konnte dabei Bestandteil des Friedensschlusses sein. Da das Patershäuser Kreuz über keine Inschriften verfügt, bleibt die wahre Geschichte dahinter im Verborgenen.

Linke Seite: Das historische Mauerflickwerk des ehemaligen Klosters Patershausen erzählt viel über seine wechselvolle Geschichte.

Nun gehen wir aber wirklich flotten Schrittes, zunächst am Waldrand und schließlich durch den Wald, zurück zu unserem Auto. Diese Tour machen wir liebend gerne wieder – dann aber im Sommer und mit Einkehr im Biergarten.

Das Hofgut Patershausen heute

Seit 1989 betreibt die Familie Ommert das Hofgut Patershausen und setzt dabei überwiegend auf Rinderzucht nach Demeter-Kriterien. Die Rinder der Rassen Angus und Limousin befinden sich ganzjährig im Freien. Das Tierfutter wird auf den eigenen Feldern angebaut, die Tiere auf dem Hof geschlachtet. Im eigenen Hofladen gibt es neben Fleisch auch Obst und Gemüse, Eier und Milchprodukte anderer Bio-Erzeuger aus der Region.

Bei Ausflüglern erfreut sich der schattige und weitläufige Sommergarten großer Beliebtheit. Auch hier erfüllen alle Produkte strenge ökologische Standards.

Distanz: 9,8 km
Gehzeit: 2:30 Std.
Charakter: lang & flach
Kinderwagen: ja

Naturparadies direkt am Flughafen

Zwischen Walldorf und Rüsselsheim

Da will ich hin, wie komm ich hin?

ÖPNV: Ab Frankfurt Hauptbahnhof gelangt man mit Regionalbahnen oder der S-Bahn und dem Bus in gut einer Stunde zum Naturschutzgebiet Mönchbruch. Mit dem RE70 oder der S7 und den Bussen der Linie 67 über den Bahnhof Mörfelden-Walldorf bis zur Haltestelle Mönchbruch, oder dem RE3 oder der S8 über Rüsselsheim-Bahnhof und der Buslinie 67 – in entgegengesetzter Richtung.

Auto: An der A5 die Abfahrt Langen/Mörfelden nehmen und durch Mörfelden über die B486 bis zum Jagschloss Mönchbruch fahren und dort parken. Wer über die A67 anreist, fährt bei Rüsselsheim-Ost ab und nimmt die B486 in Richtung Mörfelden. Die Parkplätze am Jagdschloss sind in etwa drei Kilometern erreicht.

Einzigartige Landschaft, seltene Tiere und Pflanzen

Unsere längere Wanderung durch das Naturschutzgebiet Mönchbruch und die nördlich angrenzenden Waldgebiete und Heidelandschaft erfordert ein wenig Kondition. Sie bietet dafür eine unvergleichlich abwechslungsreiche Natur- und Kulturlandschaft und gibt Gelegenheit, seltene und teilweise vom Aussterben bedrohte Tiere und Pflanzen zu entdecken. Die Vielzahl der Wege ermöglicht es, die Runde an die eigenen Bedürfnisse anzupassen. Aufgrund der Nähe zur Startbahn West ist eine gewisse Lärmbelästigung allerdings in Kauf zu nehmen.

Wir starten unsere Tour am **Jagdschloss Mönchbruch**, welches direkt an der B486 liegt. Am Schloss vorbei gehen wir in nördlicher Richtung durch ein Tor, nach dem sich unmittelbar eine faszinierend weite, offene Landschaft erstreckt. Wir wählen den nach rechts abzweigenden Weg, die **Mönchbruchallee**, welcher wir über eine längere Distanz folgen. Dabei überqueren wir zunächst den **Gundbach**, der südlich der Bundesstraße mit dem **Geräthsbach** zusammenfließt und fortan **Schwarzbach** heißt. Zu unserer Rechten erstreckt sich eine weite, offene Wiesenlandschaft, die heute zu einem guten Teil unter Wasser steht – ein charakteristisches Merkmal dieser Stromtalwiesen. Im Sommer hingegen können diese ebenso für lange Zeit komplett austrocknen. Dadurch gedeihen hier nur Pflanzen, die diesen wechselfeuchten Bedingungen gegenüber tolerant sind.

Entlang des Gundbachs gehen wir in nordöstlicher Richtung und stoßen auf einen hölzernen **Aussichtsturm**. Kinder sind

Wie sind Stromtalwiesen entstanden?

Stromtal- oder Brenndolden-Feuchtwiesen entstehen, wenn ein hoher Grundwasserspiegel auf eine besondere Bodenbeschaffenheit trifft. Der Mönchbruch war vor langer Zeit Teil des Main-Flussbetts und weist hohe Anteile an Kies, Lehm und Sand auf – exzellente Bedingungen für einen großen Artenreichtum. Die Wiesen im Mönchbruchgebiet sind wechselfeucht, das heißt, dass sie besonders im Frühling zur Schneeschmelze unter Wasser stehen, im Hochsommer hingegen teilweise vollkommen austrocknen. Da sich diese Wiesen landwirtschaftlich kaum nutzen lassen, wurden viele dieser Feuchtwiesen im Zuge des hohen Flächenbedarfs für die landwirtschaftliche Nutzung durch Kanäle entwässert und ihres Charakters beraubt.

hier mit Sicherheit als Erste oben. Nur aus dieser erhabenen Position bekommt man einen tatsächlichen Eindruck von den Dimensionen der Wiesenlandschaft, die in der Region einzigartig ist. Mit etwas Glück lassen sich hier vor allem in der Dämmerung am Waldrand Rehe beobachten.

Der hölzerne Aussichtsturm verschafft einen Überblick über die Weite der Stromtalwiesen am Mönchbruch.

Zu unserer Freude informieren zahlreiche **Infotafeln** über die Besonderheiten der jeweiligen Landschaftsabschnitte. Damit können wir Tiere und Pflanzen, die wir sehen, leichter identifizieren. Wir erfahren zudem viel über die besonderen Standortbedingungen, aber auch darüber, mit welchen Maßnahmen die Landschaften im Mönchbruchgebiet gepflegt und weiterentwickelt werden. Dazu zählt, dass die **Feuchtwiesen** hier sich nicht selbst überlassen werden, denn einmal pro Jahr ist eine Mahd erforderlich. Diese sorgt

dafür, dass nicht zu viele Nährstoffe auf die Wiesen gelangen. Viele der einzigartigen Pflanzen sind exakt auf diese Nährstoffarmut ausgerichtet. Bereits seit 1955 ist das Düngen verboten. Zugleich darf nicht zu früh im Jahr gemäht werden, um die Brut der bodenbrütenden Vogelarten nicht zu gefährden.

Vom Aussichtsturm gehen wir entlang der Feuchtwiesen geradewegs in Richtung **Startbahn West**. Die Wege im gesamten Mönchbruch sind breit und gut ausgebaut, was auch eine große Anzahl an Fahrradausflüglern lockt. Ganz bewusst ist das Areal auch als Naherholungsgebiet für die Region angelegt – und es wird hervorragend angenommen, auch im Winter. Auf der Stromtalwiese zu unserer Linken entdecken wir **Orchideen**, die hier ideale Standortbedingungen vorfinden. Wir identifizieren diese als **Fleischfarbenes Knabenkraut**, eine mittlerweile sehr seltene Art, die in Deutschland auf der Roten Liste der stark gefährdeten Arten steht. Ebenso kann man hier – außer im Winter – **Laub-** und

Was ist ein Naturschutzgebiet?

Naturschutzgebiete in Deutschland sind Gebiete, „in denen ein besonderer Schutz von Natur und Landschaft in ihrer Ganzheit oder in einzelnen Teilen erforderlich ist" heißt es im Bundesnaturschutzgesetz. Sie dienen, vereinfacht ausgedrückt, dem Erhalt von Biotopen, Lebensräumen bestimmter wildlebender Tiere und Pflanzen, unter anderem aber auch dem Erhalt herausragend schöner, wissenschaftlich oder naturgeschichtlich bedeutsamer Gebiete. Für Entwicklungssteuerung und Pflege sind in der Regel die jeweiligen Naturschutzbehörden zuständig. Besonders wichtig für Besucher ist, dass das Verlassen der Wege nicht gestattet ist.

Springfrösche beobachten, zudem die am Boden brütende **Bekassine**, eine mittelgroße Schnepfenart mit langem Schnabel, die in Deutschland vom Aussterben bedroht ist.

Die artenreichen Stromtalwiesen sind von zahlreichen Entwässerungsgräben durchzogen.

Gebannt vom winterlichen Anblick der Wiesen und vereinzelt stehender Bäume der Auenlandschaft, fällt es uns auch leicht, die gelegentlich startenden Flugzeuge zu ignorieren. Wir nähern uns dem ersten Waldabschnitt, der schon aus der Ferne erkennen lässt, dass hier nicht aufgeräumt wird – zum Wohle der Fauna und Flora. Ein Totholzanteil von etwa 20 Prozent ist ein elementarer Bestandteil natürlicher Wälder. Von **Mikroorganismen** über **Würmer** und **Käfer** bis hin zu **Spechten** sind viele Lebewesen – wie auch Pflanzen – auf dieses Totholz angewiesen. Die Kinder hören es sehr gerne: hier ist Aufräumen strengstens verboten! Daher hört und sieht man in den Mönchbruchwäldern nicht nur den häufigen **Buntspecht**, sondern auch den viel selteneren **Mittelspecht** und den deutlich größeren **Schwarzspecht**.

Bei genauerem Betrachten bemerken wir, dass sich während unseres annähernd drei Kilometer langen Gangs ent-

lang der schnurgeraden Mönchbruchallee kontinuierlich der Charakter des Waldes verändert. Am Waldeingang ist es sumpfig-morastig, dennoch wirkt es licht und freundlich. Hier haben wir es mit einem **Erlenbruch-Wald** zu tun, der dort entsteht, wo dauerhaft Wasser an der Oberfläche ist. Etwas weiter in den Wald hinein treffen wir dann auf Stieleichen-Hainbuchenwald, in dem man neben vielen anderen Pflanzen **Bärlauch, Große Schlüsselblume, Buschwindröschen** oder **Giersch** finden kann. An Tieren lassen sich der vom Aussterben bedrohte **Heldbock** und der stark gefährdete **Hirschkäfer** ebenso beobachten, wie die **Waldohreule** und **Ringelnatter**. Auch sieben **Fledermausarten** sind im Naturschutzgebiet heimisch.

Bevor wir von der langen Allee nun in Richtung Westen abzweigen, überrascht uns ein vollkommen anderer Landschaftstypus, eine offene **Heidelandschaft**. Eine natürlich gewachsene Landschaft ist diese jedoch nicht: 1956 wurde

Ein wenig Mönchbruchgeschichte

Bereits in der Bronzezeit war der Mönchbruch für den Menschen von Bedeutung, so legen es zumindest im Süden des Geländes gefundene Hügelgräber nahe. Die erste urkundliche Erwähnung datiert auf das Jahr 1129, als Kaiser Lothar von Supplinburg dieses seinem Dienstmann Konrad von Hagen schenkte, der zugleich Verwalter des königlich-kaiserlichen Wildbanns Dreieich war. Später war das Feuchtgebiet im Eigentum des Klostergutes Hassloch, welches zum Kloster Eberbach gehörte. Aus dieser Zeit stammt auch der Name, da das Gelände als Viehweide und zur Holzgewinnung genutzt wurde. Im Jahr 1608 ging es an den Landgrafen von Hessen Darmstadt. Landgraf Ernst Ludwig ließ das Jagdschloss Mönchbruch zwischen 1730 und 1732 errichten.

ein fast fünf Kilometer langer und 190 Meter breiter Waldstreifen gerodet, um dort vier parallel verlaufende Hochspannungsleitungen zu errichten. War das gerodete Land zunächst Acker- und Grünland, begann man nach einem Brand im Jahr 1977 mit der schrittweisen Umwandlung in eine Heidelandschaft mit nunmehr zahlreichen Besonderheiten. Der Stromleitungsbetreiber entwickelte mit Naturschutzexperten eine Biotopmanagementplanung, die für eine naturgemäße Weiterentwicklung des Areals sorgt. Seit 2008 ist die Fläche ein Natura 2000-Gebiet. Diese haben den Zweck, länderübergreifend gefährdete wildlebende Pflanzen- und Tierarten sowie ihre natürlichen Lebensräume zu schützen. Neben den typischen Heidekrautgewächsen beeindrucken uns vor allem die verwegen dastehenden **Wacholdersträucher**, deren Vorkommen für Heidelandschaften jedoch sehr typisch ist .

Der wilde Wacholder windet sich auf der Heide. Seine Beeren können in der Küche, als Heilmittel oder zum Brennen von Schnaps (z. B. Gin) verwendet werden.

Westwärts geht es nun zügigen Schrittes über die **Scheibenseeschneise** wieder in den Wald hinein, der mit seinem Nadelgehölz keinen bleibenden Eindruck hinterlassen wird.

Selbiges gilt nicht für unser nächstes Ziel, das sich hinter der kommenden Abbiegung befindet: Das **Odenwaldklubhaus**. Wer bewirtschaftete Wald- und Berghütten oder Almen liebt, der ist hier richtig. Ob im großen Biergarten oder in der Stube, hier speist man einfach und gut. Eine Stärkung für den weiteren Weg haben wir nach mittlerweile vier zurückgelegten Kilometern auch nötig. Unbedingt möchten wir noch einen Blick auf den **Lindensee** werfen, was eine allzu ausgiebige Rast nicht erlaubt.

Einkehrmöglichkeit:
Landhotel Mönchbruchmühle, Mönchbruch 1, 64546 Mörfelden-Walldorf, Tel.: 06105-92430
www.jagdschloss-moenchbruch.de
Odenwaldklubhaus, Tel.: 0170-9752113
www.odenwaldklub-ruesselsheim.de

Nach etwa 20 Minuten erreichen wir den See, in dem zum Wohle von Flora und Fauna nicht gebadet, geschwommen oder geangelt werden darf. Zum Dank lassen sich hier **Libellen, Frösche** und **Lurche** und zahlreiche **Wasservögel** beobachten. Die Wintersonne nähert sich dem Horizont, wir erhöhen unser Schritttempo, um noch bei Helligkeit zum Parkplatz zu kommen. Und schließlich wollen wir auch den **Mönchbruchweiher** sehen, der ein Revier für **Bläßhühner**, **Kanadagänse** oder **Haubentaucher** sein soll. Daneben lassen sich hier **Eisvögel** und **Teichrohrsänger** blicken, ebenso wie **Nutrias**. Als wir in der Dämmerung am See ankommen, zieht ein Stockentenpärchen friedlich seine Bahnen – immerhin.

Sonnenuntergang an den Stromtalwiesen des Mönchsbruchs.

Distanz: 8,6 km
Gehzeit: 2:45 Std.
Charakter: anspruchsvoll
Kinderwagen: nein

Wein, Wald und Welterbe

Von Rüdesheim nach Assmannshausen

Da will ich hin, wie komm ich hin?

ÖPNV: Mit den Bahnen der RheingauLinie fahren wir ab Frankfurt Hauptbahnhof bis zum Bahnhof in Rüdesheim etwa eine Stunde und zehn Minuten. Von dort laufen wir über die Oberstraße und die Germaniastraße zum Ende des großen Seilbahnparkplatzes.

Auto: Über die Bundesstraße 42 erreichen wir Rüdesheim und folgen der Beschilderung zum großen Parkplatz 2, den wir über die Grabenstraße erreichen. An Sommertagen werden auch hier die Plätze manchmal knapp.

Geschichtsträchtige Tour mit Schiffspassage

Mit fast neun Kilometern ist unsere Wanderung von Rüdesheim zum Niederwalddenkmal ziemlich lang. Die steilen Passagen im Auf- und Abstieg erleichtern im Bedarfsfall die Rüdesheimer Gondelbahn und die Assmannshäuser Sesselbahn. Nach der Wanderung mit ihren tollen Rheinblicken ist die Rückfahrt mit den Linienschiffen auf dem Rhein ein besonders lohnendes Schmankerl zum Schluss. Im Winter muss man mit der Bahn vorliebnehmen. Seilbahnen und Zauberhöhle sind in den Wintermonaten ebenfalls geschlossen.

Hohlweg in den legendären Rüdesheimer Weinberglagen Drachenstein und Bischofsberg.

Der **Niederwald** zwischen **Rüdesheim** und **Assmannshausen** liegt bis zu 250 Meter erhaben über dem Niveau des Rheins. Diesen Höhenunterschied – und ein wenig mehr – haben wir uns heute vorgenommen, um Geschichte, Pflanzen und Tiere in Hessens Westen ein wenig zu erforschen. Wir starten unsere Wanderung am großen Seilbahnparkplatz, den wir in Richtung Nordwesten und durch eine Unterführung verlassen. Rechts und links des Weges türmen sich teils meterhohe Bruchsteinmauern, die erst nach und nach ihren Zweck preisgeben: Sie stützen die Weinberge, die unmittelbar ab dem Ortsrand das Landschaftsbild prägen. In den Tausenden Lücken zwischen den Steinen fühlen sich hier die streng geschützten **Mauereidechsen** wohl. Hier finden sie Rückzugsmöglichkeiten vor Hitze und Kälte, genießen aber bei Sonnenschein auch ein „Sonnenbad" und lassen sich dabei gut beobachten. Auch Kinder nutzen die Mauern gerne, um ihre Kletterkünste zu erproben, sollten dies aber aus Rücksicht auf Pflanzen und Tiere mit großer Vorsicht tun.

Wir gehen auf einem Teilstück des **Hildegardweges**, der an die Benediktinerin und Universalgelehrte Hildegard von

Bingen erinnert, deren Hauptwirkungsstätte im 12. Jahrhundert das auf der anderen Rheinseite liegende Bingen war. Wir gewinnen rasch an Höhe und verlassen am Abzweig zur **Jugendherberge** den Hildegardweg. Nun sind wir inmitten der **Weinlagen Drachenstein** und **Bischofsberg**, die zu den international besonders renommierten Rieslinglagen Deutschlands zählen. Quer über die Weinfelder ziehen die silbernen Gondeln stoisch ihre Runden. Nur ein paar Meter oberhalb unseres Weges ist noch die Trasse der 1884 errichteten und im Zweiten Weltkrieg zerstörten Zahnradbahn zu sehen. Seit 1954 ist die **Seilbahn** eine willkommene Aufstiegshilfe zum **Niederwalddenkmal**.

Gigantischer 180-Grad-Rundblick. Der Rundtempel zeugt von Graf Osteins Sinn für effektvolle Inszenierungen.

Nach einer kurzen Waldpassage passieren wir ein erstes Gasthaus und gelangen über eine hölzerne Treppe zum ersten Höhepunkt des **Osteinschen Niederwalds**, dem **Monopteros**. Dieser Rundtempel mit seinen acht Säulen liegt erhaben auf dem Plateau mit freiem Blick auf die Rheinebene, das **Nahetal** und bis nach **Ingelheim**. Den etwas mühevollen Aufstieg haben wir absolviert, wem nach einer Stärkung ist oder wer nach mehr Informationen zum mächtigen **Nieder-**

walddenkmal dürstet, kann sich im **Restaurant** oder dem **Informationszentrum** rüsten. Nach dem Ende des Deutsch-Französischen Kriegs in den Jahren 1870/71 und der Gründung des deutschen Kaiserreichs sollte diese neue nationale Einigkeit auch in Denkmälern monumental manifestiert werden. In sechs Jahren Bauzeit wurde das Denkmal errichtet, am 28. September 1883 erfolgte die Einweihung. Germania, die zentrale Figur des Monuments, hat eine stattliche Höhe von 12,5 Metern.

Uns zieht es aber weiter in den Wald. Der **Niederwald** verfügt über ein engmaschiges Netz an breiteren Wegen und schmäleren Pfaden, wir entscheiden uns meistens für letztere – auch, weil es hier erheblich ruhiger ist. Auffällig ist der umfangreiche Bestand alter **Eichen** und **Buchen**, manche bereits weit über 200 Jahre alt. Nicht verwunderlich, dass der Niederwald ein Naturschutzgebiet ist: Seltene **Rentierflechten** sind hier ebenso zu finden wie **Felsenbirne** und **Weichselkirsche**. Viele **Spechtarten** sind hier heimisch, **Ei-**

Der Osteinsche Niederwald

Das Gartendenkmal Niederwald geht auf Johann Friedrich Karl Maximilian Amor Maria Graf von Ostein zurück, der das rund 300 Hektar große Areal erbte. Im letzten Drittel des 18. Jahrhunderts wandelte er dieses Waldstück in einen Lustgarten im romantischen Stil um. Graf von Ostein errichtete neben dem Jagdschloss einen Rundtempel, die Zauberhöhle und die künstlichen Ruinen Rossel und Rittersaal. Daneben sorgte er mit gezielten Eingriffen in den Wald für effektvolle Aussichten auf das Mittelrheintal oder den Rheingau. In den vergangenen Jahren erfuhr der Niederwald, der sich im Besitz der Staatlichen Schlösser und Gärten Hessen befindet, eine liebevolle Revitalisierung.

dechsen oder seltene Käferarten, wie der **Juchtenkäfer**, den man auch **Eremit** nennt. Er ist besonders auf Mulmhöhlen alter Bäume als Lebensraum angewiesen und kommt im Gebiet des Taunus nur hier vor.

Bild links: Monumental und national – das Niederwalddenkmal aus dem Jahr 1883.
Bild rechts: Der Blick von der künstlichen Ruine Rossel begeisterte schon Graf Osteins Gäste.

Unser Weg schlängelt sich entlang der Abbrüche des Taunus zum Rhein durch den Wald und bietet am Aussichtspunkt **Naheblick** eine großartige Sicht auf die Mündung und, bei gutem Wetter, weit in das Nahetal hinein. Von hier haben wir auch einen wunderbaren Blick auf die Ruine der **Burg Ehrenfels**, die Anfang des 13. Jahrhunderts von Philipp III. von Bolanden errichtet wurde. Diese ging später in den Besitz der Mainzer Erzbischöfe über und diente als Zollstation.

In einem Dreieck angeordnet, treffen wir nun in kurzen Abständen auf weitere Zeugnisse des Wirkens des Grafen von Ostein. **Rossel** ist als künstliche Burgruine errichtet, durch die unser Weg hindurchführt und der nur noch aus den Grundmauern bestehende **Rittersaal** bietet, effektvoll auf

Kräuterlehrpfad Assmannshausen

Seit 2015 finden sich entlang der Wanderwege durch die Spätburgunderhänge Assmannshausens Infotafeln zu Wildkräutern, die entlang der Wege, an den Weinstöcken oder den Bruchsteinmauern wachsen. Auf Initiative einiger Wirte wurde dieser Weg eingerichtet und ein buntes Programm rund um die Wildkräuter geschaffen. Ob Wanderung, Workshop oder Rezept – wer gerne mit Kräutern experimentiert, ist hier richtig. Eine Einkehr in einem der drei partizipierenden Gasthäuser kann nur empfohlen werden. www.kräuter-wirte.de

einem Felssporn errichtet, einen weiten Blick in das **Mittelrheintal** hinein. Für alle Kinder stellt jedoch die **Zauberhöhle** die größte Attraktion der Wanderung dar. Die gemauerte Kunsthöhle ist etwa 60 Meter lang, gewunden und im Inneren vollkommen dunkel. Wer ist der oder die Mutigste?

Bevor wir in wenigen Metern das **Jagdschloss**, in dem sich heute ein Hotel und Restaurant befinden, erreichen, ziehen uns noch ein paar Riesen in ihren Bann: mehr als 300 Jahre alte **Eichen** mit ihren eindrucksvollen Stammdurchmessern. Nach einer kurzen Rast im Jagdschloss-Restaurant laufen wir am kleinen Wildgehege mit **Damwild** entlang – selbstverständlich nicht, ohne den Tieren eine Ration Mais aus Kinderhand zukommen zu lassen. Nach wenigen Minuten des Abstiegs verlassen wir den Wald und blicken auf eine der begehrtesten Rotweinlagen des Landes: den **Assmannshäuser Höllenberg**. Wir steigen durch die Lage

Einkehrmöglichkeiten:
Restaurant Am Niederwald, www.am-niederwald.de, Tel.: 06722-7103370
Restaurant Hotel Jagdschloss, www.niederwald.de, Tel.: 06722-71060

Vor dem Abstieg nach Assmannshausen bietet sich eine Kaffeepause im Jagdschloss Niederwald an.

Frankenthal in zahlreichen Serpentinen ab, werfen aber immer wieder einen Blick auf die Infotafeln an den Weinbergsmauern. Diese informieren über **Wildkräuter** in den Weinbergen, über Standortbedingungen und den Einsatz in der Küche oder auch der Hausapotheke. Etwas mehr als eine halbe Stunde benötigen wir für unseren Abstieg. Auch hier kann alternativ die Seilbahn genommen werden: Vom Jagdschloss Niederwald führt sie hinunter nach Assmannshausen, überbrückt dabei binnen Minuten eine Distanz von 927 Metern in der Länge und 230 Metern in der Höhe.

Wir arbeiten uns durch bis ans **Rheinufer**, wo die Linienschiffe anlegen. Heute müssen wir nicht lange warten, schon nach wenigen Minuten bringt uns das Boot zurück nach Rüdesheim. Die Zeit reicht gerade für ein erfrischendes Getränk und ein Eis für die Kids. Vom Bootsanleger geht es direkt in nördlicher Richtung über **Markt**- und **Oberstraße** zu unserem Parkplatz. Wer die Zeit für die Bootsfahrt nicht aufbringen kann, nimmt einfach die Bahn. Die Züge der RheingauLinie verkehren in der Regel im Stundentakt und bringen uns in weniger als fünf Minuten zum Rüdesheimer Bahnhof.

Distanz: 4,6 km
Gehzeit: 1 Std.
Charakter: leicht
Kinderwagen: ja

Dschungelfeeling im Hainbachtal

Zwischen Offenbach und Heusenstamm

Da will ich hin, wie komm ich hin?

ÖPNV: Mit der S-Bahn zur Haltestelle Offenbach-Zentrum Marktplatz. Mit der Buslinie 101 in Richtung Offenbach-Bieber in 10 Minuten bis zur Haltestelle Offenbach-Tempelsee Stadthalle. Schräg gegenüber von der Stadthalle befindet sich der Parkplatz „Nasses Dreieck" und der Zugang zum Waldzoo. Geht man in westliche Richtung, gelangt man zum Schäferbornweg und damit direkt zum Hainbach.

Auto: Der Parkplatz „Nasses Dreieck" befindet sich in der Offenbacher Waldstraße kurz vor dem Ortsende auf der rechten Seite. Wer zuvor die Wegweiser Richtung Heusenstamm beachtet, kann eigentlich nichts verkehrt machen. Achtung: fulminante Schlaglöcher.

Den Hochhausschluchten entfliehen

Eben noch: Großstadtdschungel Offenbach. Und plötzlich: ein kleines Bächlein, herrlich beschattet, umgestürzte Bäume, Vogelgezwitscher. Nur wenige Meter entfernt von der Offenbacher Stadthalle beginnt das idyllische Hainbachtal. Immer grob dem Bachverlauf folgend fühlt man sich schnell wie auf einer kleinen Expedition. Eine kurze, aber nahezu beliebig erweiterbare Tour, die bei jedem Wetter Spaß macht und attraktive Einkehr- oder Picknickmöglichkeiten bietet.

Wer kommt schon auf die Idee, für einen Ausflug in die Natur ausgerechnet nach **Offenbach** zu fahren? Wie so häufig, wird die Lederstadt auch in dieser Hinsicht stark unterschätzt. Wo sonst liegen urbane und natürliche Landschaften so eng beisammen? Befinden wir uns eben noch im Schatten der eher abweisend wirkenden Wohnblocks von **Lauterborn** und **Tempelsee**, zieht uns ein paar Schritte weiter ein grünes Stadtrandjuwel in seinen Bann.

Wir starten am Parkplatz **Nasses Dreieck**, der sich diagonal gegenüber von der **Offenbacher Stadthalle** befindet. Der Name des Parkplatzes ist dabei Programm – zumindest, wenn es zuvor länger geregnet hat. Ohnehin sind dann Gummistiefel und Regenjacke die bessere Kleidungswahl. Auf den ersten Metern fügt sich der **Hainbach** eher unwillig in ein enges Betonbett. Hat es jedoch mal ausdauernder geregnet, werden die Grenzen zwischen Bachlauf und Betonplattenweg durchaus fließend. Passendes Schuhwerk ist also – nicht nur hier – anzuraten.

Der Hainbach

Ein Bach, viele Namen: Bach von Gravenbruch, Wildhofsbach, Hainbach - je nach gewählter (Online-)Karte haben die drei Quelläste des Hainbachs unterschiedliche Namen. Erst ab den AWO-Werkstätten setzt sich der Name Hainbach durch.

Über lediglich sieben Kilometer erstreckt sich der Hainbach, jenseits des Offenbacher Spessartrings ist er kanalisiert und verschwindet bis zu seiner Mündung in den Main auf Höhe des Isenburger Schlosses unter der Erde. Im Abschnitt zwischen Stadthalle und Spessartring wurde er im Jahr 2007 von seinem Zwangsbett befreit. Seither schlängelt er sich dort wieder durch den Stadtteil Tempelsee, großzügige Überflutungszonen inklusive.

Der schmale **Schäferbornweg** führt geradewegs auf die **Werkstätten** Hainbachtal der AWO mit integrativer **Grundschule, Kita** und dem **Waldcafé** zu. Links unseres Weges entdecken unsere Kinder ein erstes **Holz-Tipi**, liebevoll aus herumliegendem Geäst gezimmert. Einige Minuten widmet sich der Trupp dem beinah aussichtslosen Projekt, dieses mithilfe von Moos und Laub wetterfest zu machen. Wer, wie wir, mit Hund unterwegs ist, wird feststellen, dass sich diese doch mehr für die **Stockenten** im Bach interessieren als für den Bau einer provisorischen Unterkunft.

Material für die Holz-Tipis ist im Hainbachtal in großer Anzahl und kostenlos verfügbar.

Bevor wir linkerhand die Werkstattgebäude sehen, biegen wir nach rechts über den Hainbach hinweg ab. Für eine Rast wäre es doch noch ein wenig früh. Ein schmaler Pfad schlängelt sich nun durch den Mischwald, stets am linken Ufer (wir laufen gegen die Strömungsrichtung) des Hainbachs (oder Bachs von Grafenbruch?) entlang. Die Sonne steht hoch und es ist einer dieser Hitzerekordverdachtstage,

Rechte Seite: Der Hainbach schlängelt sich ruhig durch den herbstlichen Laubwald.

die uns immer mehr auf unseren Wanderungen begleiten. Gut, dass die hohen Bäume – **Kiefern, Eichen, Buchen** – hinreichend Schatten spenden.

Kurzentschlossen zieht ein Kind nach dem anderen seine Sandalen aus, geht in wenigen Schritten zum Bach und schließlich hinein. Das Beispiel macht schnell Schule, schließlich sorgt das kühle Wasser für zusätzliche angenehme Kühlung von unten. Ohnehin ist hier der **Bachverlauf** zwischen **AWO** und der **Dietzenbacher Straße** im Westen der abwechslungsreichste und schönste Abschnitt. Romantisch mäandert das Bächlein hier durch den Wald, steilere und flache, weite Uferpassagen wechseln einander ab. Auch das ein oder andere Hindernis in Form von Ästen, Gestrüpp oder ganzen Baumstämmen gilt es bei unserem Kneippgang zu überwinden. „Waren das Biber?", fragen die Kinder, als mal wieder mehrere Baumstämme ihren und des Baches Weg versperren. Zwar können wir keine Bissspuren der Nager entdecken, doch schnell ist der Eifer geweckt und alle Kinder machen sich eifrig daran, einen hölzernen Staudamm zu errichten. Welch ein Spaß, auch wenn es am Ende lediglich beim Versuch bleibt.

Die August-Reiß-Eiche

Bleiben wir nach der Hainbachüberquerung auf dem Hauptweg, befindet sich nach etwa 200 Metern eine Eiche, die der Legende nach vor über 530 Jahren, genauer gesagt im Jahr 1590, gepflanzt worden sein soll. So jedenfalls ist es einem Dokument des Offenbacher Vereins für Naturkunde aus dem Jahr 1979 zu entnehmen. Benannt wurde der rund 40 Meter hohe Baum nach dem Geheimen Forstrat August Reiß. Als dieser lebte (1844 bis 1929), wies die Eiche bereits ein biblisches Alter auf.

Unterm Blätterdach: Erholung für wundgelaufene Fußsohlen im erfrischenden Wasser des Hainbachs.

Bei einer Trinkpause werden die Füße rasch wieder trocken und wir entfernen uns einige Meter vom Bach, westwärts bis zur Dietzenbacher Straße. Ohne diese zu überqueren, gehen wir diese in südlicher Richtung für 150 Meter entlang, bevor wir uns wieder links halten. Entlang des rechten Bachufers geht es nun wieder zurück.

Alternativ lohnt noch ein Abstecher in Richtung der nahen Autobahn A3: Am Wegrand steht ein weißes **Steinkreuz**, das an die Begegnung von Kaiser Franz I. und dem Landgrafen von Hessen-Darmstadt, Ludwig VIII., anlässlich der Wahl seines Sohnes Josef zum Römischen König in Frankfurt 1764 erinnern soll. Kaiser und Landgraf trafen sich auf dem Weg von Heusenstamm nach Frankfurt. Das Kreuz wurde 1925 „von Frevlerhand" zerstört, 1926 von der Vereinigung Offenbacher Wandervereine wiederhergestellt und 2005 restauriert. Zurück zum Hainbach kommt, wer dem Weg rechts am Kreuz vorbei folgt und dann alsbald nach links abbiegt.

Als deutlich frequentierter erweist sich der Schotterweg auf des Hainbachs rechter Seite. Neben Spaziergängern sind viele Radfahrer und zunehmend E-Biker unterwegs, erhöhte Aufmerksamkeit und Rücksichtnahme sind hier durchaus beiderseits anzuraten. Wir gehen auf Nummer sicher und die wenigen Meter direkt zum Bach hinunter. Breite Überschwemmungszonen sowie ausgehöhlte Randbereiche des Ufers zeugen davon, dass der Bach auch anders kann. Nach längeren Starkregenphasen macht sich das gerade so friedlich wirkende Gewässer ordentlich breit und entwickelt eine beachtliche Strömung.

Während wir so am Ufer gedankenverloren entlangschlendern, ruft plötzlich einer der drei Jungs: „Da schau mal, ein Tipi! Und noch eins, nein, noch zwei!“. Im lichten Wald auf der rechten Seite des Wegs, kurz bevor man die Werkstätten im Hainbachtal wieder erreicht, findet man tatsächlich regelmäßig ein oder mehrere **Tipis**. Wir sind überzeugt, dass sich diese nie an ein und derselben Stelle befinden, sondern immer an einem anderen Platz. Gebaut aus allem, was das Bachufer, der umgebende Wald und die angrenzende Wiese

Waldcafé im Hainbachtal

Das Waldcafé der Arbeiterwohlfahrt ist ein Café/Restaurant mit einem sehr netten Angebot an Kuchen, kleineren Speisen und Getränken. Im Betrieb arbeiten vor allem Menschen mit Behinderungen, vor allem in der Küche und im Service. Leider ist das Waldcafé nicht mehr an Wochenenden geöffnet. Von Montag bis Freitag kann man jedoch tagsüber einkehren. Auch für Familienfeiern von klein bis groß ist das Waldcafé eine attraktive Location in toller Umgebung. Für Veranstaltungen und Feiern kann das Waldcafé auch an Wochenenden exklusiv gebucht werden.

Rechte Seite: Wildnis erleben – für Offenbacher ist das direkt vor der Haustür möglich.

so hergeben. Wer wohl hinter den geheimnisvollen Bauten steckt?

Eine Gruppe anderer Kinder werkelt gerade eifrig an einer der Holz-Stroh-Laub-Behausungen, unsere hingegen zeigen kein Interesse an einer Beteiligung. Was bedeutet: Sie müssen müde sein, eine Pause muss her. Wir diskutieren kurz über eine Einkehr im nahen **Waldcafé**, erfahren aber von den Bikern, dass dieses schon länger nur noch unter der Woche geöffnet hat. „Wenn ihr eine Decke dabeihabt, gleich hier hinter den Tipis ist eine große Wiese. Ideal für ein Picknick!“, empfiehlt die freundliche Kindsmutter. Diese hatten wir zwar bei Wanderungen zuvor schon wahrgenommen, aber stets links beziehungsweise rechts liegen gelassen. Tatsächlich ist die Wiese fast fußballplatzgroß, erfüllt aber sonst nicht die Anforderungen für gepflegten Rasensport. Zum Toben, Frisbee spielen oder Picknicken taugt sie allemal.

Frisch gestärkt machen wir uns auf den Nachhauseweg, nicht ohne eine weitere Attraktion der Tour wenigstens zu streifen: den **Offenbacher Waldzoo**. Zu diesem Zwecke verlassen wir an der Stelle, an der wir auf dem Hinweg den Hainbach überquerten, den Bach und biegen erst rechts ab, dann nach kurzem Anstieg links. Rund 400 Meter fehlen uns noch, dann haben wir den beschaulichen Zoo und damit fast auch wieder unseren Parkplatz am Nassen Dreieck erreicht. Mit allen Vergnügungen, Spiel- und Esspausen haben wir unser Zeitbudget ordentlich gedehnt. Für heute verweigern wir uns daher mal dem Waldzoo, der ansonsten durchaus einen Besuch wert ist. Zu Hause wartet Kuchen!

Einkehrmöglichkeit:
Waldcafé, Waldstr. 353,
63071 Offenbach, Tel.: 069-85002260,
www.werkstaetten-hainbachtal.de,
Öffnungszeiten: Mo.-Fr. 10.30-18 Uhr,
Sa. & So. geschlossen

Distanz: 8,2 km
Gehzeit: 2:15 Std.
Charakter: einfach
Kinderwagen: ja

Von Schwefelwasser und Himmelsleiter

Von Bad Weilbach ins Weindorf Wicker

Da will ich hin, wie komm ich hin?

ÖPNV: Bad Weilbach und Wicker sind mit lokalen Bussen erreichbar, der nächste S-Bahnhof liegt in Flörsheim am Main. ÖPNV-Vorteil, es muss keine Rundwanderung werden, sondern nach Gusto kann abgekürzt oder verlängert werden.

Auto: Am Weilbacher Park befindet sich ein klitzekleiner Parkplatz. Weiteren Parkraum gibt es in der schönen Allee. Diese Tour lässt sich aber auch andersherum gehen, in Wicker parken und dann Richtung Bad Weilbacher Kurpark spazieren.

Fahrrad: Ein Teil des beschriebenen Weges ist deckungsgleich mit der 190 Kilometer langen Regionalpark-Rhein-Main-Rundroute.

Schaulaufen mit Untermainblick

Eine Promenade für sonnige Tage, der Panoramaweg vom Weilbacher Park in das Tal des Wickerbachs. Wunderbare Weitsicht über die Mainebene, mit dem Flughafen Frankfurt im Hintergrund und soliden Steinskulpturen im Vordergrund. Da können Kinder gut drauf herumturnen. Gastlich, die stilvoll wiederaufgebaute Flörsheimer Warte mit schönem Gastgarten. Lauschig, das gemütliche Tal des Wickerbachs mit seinen grasigen Hangwiesen.

Das fängt schon mal gut an. Weil wir wussten, dass es im Park von **Bad Weilbach** eine **Schwefelquelle** gibt, hatten wir für jeden einen Becher mitgenommen. Damit wir alle gleichzeitig trinken können. Keiner soll den Anderen vorher warnen können. So, die Becher sind voll, wohl bekommt's! „Pfui Spinne“, schreien die Kinder auf. Klar, schweflig gerochen hatte es schon vorher. Aber es ist doch etwas Anderes, das zu riechen, oder es plötzlich im Mund zu schmecken. **Der Faulborn** heißt die Weilbacher Quelle und ist eine der schwefelreichsten kalten Mineralquellen Deutschlands. „Ja“, jammerten die Jüngsten, „faulig ist das richtige Wort für diese Übelquelle, widerlich.“ „Das ist gut für euch“, lachen die Eltern, „es ist eine Heilquelle.“ Bei Hautkrankheiten oder für die Atemwege, wenn Menschen früher krank waren, kamen sie hier her. Schon vor zweihundert Jahren.

Ein guter Start für unsere Sonntagstour ist das, am Montagmorgen in der Schule gibt es dann direkt etwas zu erzählen. Wir füllen einen Liter Brunnenwasser ab. Das ist nichts Besonderes. Schon in früheren Zeiten konnte schwefliges Heilwasser bei der Kurverwaltung in Bad Weilbach bestellt werden. Es wurde in gut verschlossenen Tonkrügen verschickt, als Arzneimittel. Und billig war es nicht. „Da haben wir also eine Wasserkostbarkeit im Rucksack“, amüsieren sich die Kinder, „einen Wasserschatz.“ Wir verlassen den Kurpark in Richtung **Panoramaweg**. Das ist die kurze Strecke nach **Wicker**, interessant wegen des großartigen Fernblicks und auch wegen der **Skulpturen**, die bei einem Arbeitstreffen von Künstlern 1999 entstanden sind. Seit Tausenden von Jahren ist diese Region von Menschen besiedelt. Und durch diese alte Kulturlandschaft verlief die Kasteler Landwehr. Eine mittelalterliche Verteidigungsanlage aus einem mit dichten Dornengebüsch bewachsenen Wall mit Graben. Davon ist heute nur an wenigen Stellen, die extra angelegt wurden, noch etwas zu sehen. Aber der Weg heißt noch **Landwehrweg**. An dieser alten Grenze stehen nun einige Steinobjekte. Mit vielversprechenden Namen wie Himmelsleiter, Steinmantel, drei Stopper, schmale Stele, steinerner

Sitz, Schauaufsland und Kreis der Steine. Die Namen klingen gewaltig. Und das ist auch der Werkstoff: massiver Stein. Die Skulpturen sollen sich mit der Landschaft, Natur und Kultur ihrer Umgebung auseinandersetzen, das war die Idee. Und sie laden ein, in Stille zu genießen. So steht es auf der Erklärtafel. Stille, an dieser Stelle? Es herrscht ein Grundrauschen, Autobahnen, Flugzeuge, Kinderlachen, still ist hier wenig. Es gibt den weiten Himmel, zum Beispiel. Oder auch schöne Momente des Innehaltens – wenn man auf dem Rücken im Gras liegt und eine brummende Hummel vorbeigeschwirrt kommt. Für Kinder sind diese Steinskulpturen gut, denn da kann man nichts kaputtmachen. Und raufklettern geht auch. So wird der Weg zum Ereignis. Und nicht zur Strecke, die man zurücklegen muss. Gut so, das ist klug geplant. Kunst, bei der es nicht heißt: nur anschauen, nichts anfassen. Kunst, die was aushält, Kunst für draußen. Tiere zu beobachten, ist auch immer toll. Eine kleine **Rinderherde** steht am Weg, hinter einem Zaun aus Leitplanken. Ganz in der Nähe der Himmelsleiter. „Da wollen wir hin", klar, Kinder, könnt ihr. Wie vorsichtig die mächtigen Paarhufer schauen.

Bild links: Ein Schluck aus dem Bad Weilbacher Faulbrunnen kann als besondere Erfahrung gewertet werden.

Bild rechts: Die Himmelsleiter wirft so schnell nichts um. Sie besitzt ein solides Fundament.

Eines trägt sogar einen Metallring in der Nase. Sie trotzen Wind und Wetter, nur einen kleinen Unterstand gibt es für sie.

Bald erreichen wir die ersten Häuser des kleinen Ortes **Wicker**. Der Weg führt daran vorbei. Ein schöner Weinlaubengang eskortiert die Familie Richtung **Flörsheimer Warte**. Der schick aussehende Turm wurde in den neunziger Jahren nach dem Vorbild der alten Warte gestaltet. Vier Wachtürme schützten auf dieser Mainseite einst das kurmainzische Territorium. Heute wacht ein Bussard, der einsam seine Kreise am Himmel zieht, über uns.

Die Kinder sind hungrig von der Kraxelei auf den Steinskulpturen, die Sonne scheint, viele Spaziergänger sind unterwegs und so langsam wollen wir gerne einkehren. Deswegen haben wir bei dieser Tour auch auf Rucksackverpflegung verzichtet. Der angenehme Freisitz um die Warte herum ist für Kinder bestens geeignet. Hier herrscht keine steife Restaurant-Atmosphäre, hier wird manches Weinchen gepichelt und beste Fruchtsäfte für die Kleinen gibt es auch. Bevor wir die Ufer des **Wickerbachs** erkunden wollen, lassen wir es uns gut gehen. Bei Brezeln, Spundekäs, Handkäs, Bauernsalat und regionalen Spezialitäten wie Rheingauer Käse und Wisperforellen. Toll, dass sich auch in unserer Region in den letzten Jahren eine schöne „Draußen-Kultur" entwickelt hat.

Im warmen Frühlingswind fällt der Aufbruch schwer, besonders nach einem klaren Schoppen Weißwein aus den Wickerer Weinbergen. Aber die Kleinen werden ungeduldig, wollen los, der Bach und das sprudelnde Wasser lockt. Es geht den Berg runter, eine kleine Strecke an der nachgebauten historischen Landwehr entlang. Wir biegen ab, und sind plötzlich in einem lauschigen kleinen Tal, kein Fernblick mehr über die Rhein-Main-Ebene, sondern rechts der bewachsene Hang, der von der Warte gekrönt wird. Es ist eine interessante Mischvegetation, **Bäume, Gebüsch, Grasflächen**, mal struppiger, mal wie ein Teppich, ein guter Mix am Sonntag. Nicht schlecht, diese

Senke ist eine Oase in der dichtbebauten Rhein-Main-Region. Auch die Wiesenhänge sind wunderbar, sie werden nicht bewirtschaftet und sind das ideale Terrain für Suchspiele. Hier bleiben wir ein Weilchen, den Kindern gefällt die offene Landschaft, keine lästigen Zäune zwingen dazu, auf den Wegen zu bleiben. Ohne **Schafherden**, die diese Gegend regelmäßig abweiden, würde die großzügige Landschaft rasch verbuschen. In dem so selbstverständlich sympathischen Landschaftsbild steckt eine Menge Arbeit.

Das sieht der Städter nicht jeden Tag: stämmige Rinder mit neugierigem Blick.

Wir zuckeln durch die Gegend, trödeln den Pfad entlang, es geht zur **Mühlradskulptur**, die an der Brücke über den Wickerbach bei der **Weidenmühle** liegt. Allzu viel können wir nicht damit anfangen, manche Kunstideen wirken ein wenig platt. So platt wie diese Steine in der Landschaft rumliegen. Interessanter ist da schon der in einen Baum eingewachsene Heuwender. Das ist wirklich spannend, ein Metallgegenstand wird von der Natur überformt, toll. Ein kurzer Abstecher zur **Brücke** an der Weidenmühle, nach dem Regen der letzten Tage sprudelt der Bach kräftig, da müssen wir ein bisschen aufpassen. Der Familienrat entscheidet deswegen, am Fuße der Weinlagen **Wilhelmsberg** und **Wickerer König** entlang auf den **Weidenpavillon** zuzuwandern. Am Weg sehen wir einen ulkigen **Teich**, exakt in Grundstücksgröße ist er ausgeho-

ben, rechteckig, ein kleines Boot ist am Ufer verankert. „Das sieht ja aus wie auf einem Wimmelbild", die Kinder sind sehr interessiert. Leider kommen wir nicht näher ran.

Wir laufen nicht weiter das Tal mit der interessanten Mischnutzung entlang, sondern biegen ab und gehen steil den Hang hinauf Richtung **Wickerer Taunusstraße**. Die

Steinskulpturenweg

Der Steinskulpturenweg ist Teil der Regionalpark-Rundroute und verbindet auf knapp anderthalb Kilometer Länge den Park Bad Weilbach mit dem Weinort Wicker. An klaren Tagen kann man bis zum Odenwald schauen. Im Mittelalter verlief hier eine richtige Grenze, die „Kasteler Landwehr", zum Schutz des kurmainzischen Territoriums. Der holländische Bildhauer Gerard Höweler hatte eine gute Idee: „Die Dimension Landschaft braucht bisweilen ein Volumen wie zum Beispiel einen Stein als Orientierungs- oder Ruhepunkt für die Augen." Mit seiner Skulptur „Steinmantel" hat er versucht, ein Urbedürfnis der Menschen darzustellen und der scheinbar ungeordneten Natur eine Ordnung aufzudrängen. Im Sommer 1998 arbeiteten fünf Künstler entlang des Panoramaweges für sechs Wochen an fünf großen Steinobjekten. Ziel der internationalen Künstlerwerkstatt unter freiem Himmel war aber nicht nur, die inspirierende Umgebung durch die monumentalen Objekte noch zu überhöhen. Auch Bürger hatten die Möglichkeit, sich mit den Künstlern zu unterhalten. Dieses Dabeisein und Nachvollziehen der Gedanken während der Arbeit an den Objekten hat dem Projekt großen Zuspruch aus der Bevölkerung gesichert. Kein Stein steht dort zufällig am Weg, alle reflektieren die Landschaft in der und für die sie entstanden sind. Es geht um Wissen und Empfinden, um Kultur und Natur, um Lärm (auch Fluglärm) und Stille, um eiliges Leben und darum, Ruhe zu finden.

geteerte Piste schwenkt zu einer Serpentine aus, um den großen Höhenunterschied zu überwinden, aber wir sind geländegängige Menschen und nehmen den direkten Pfad. Keuchend kommen wir oben an und gehen durch die Weinberge auf das Dorf zu. Wieder ein weiter Blick über Land, es ist eindrucksvoll, wie schnell auch ein langsamer Wanderer ganz rasch unterschiedliche Perspektiven einnehmen kann. Für Kinder ist es faszinierend, dass man auch ohne Auto gut Strecken zurücklegt und ein Gefühl für eine Landschaft entwickelt.

Erstaunlich, da hat jemand die landwirtschaftliche Maschine so lange stehengelassen, bis der Baum sie „gefressen" hat. Das Zusammenspiel von Metall und Holz fasziniert und zeigt die Anpassungsfähigkeit natürlichen Wuchses.

Am Rande des Dorfes geht es wieder auf den Weinlaubengang zu, ein anderer Rückweg nach Bad Weilbach bietet sich nicht an. Auch hier wieder die alte Erfahrung: Auf dem Rückweg sieht eine Strecke ganz anders aus als auf dem Hinweg. Wenn man bestimmte Bereiche schon kennt, bleibt mehr Aufmerksamkeit für andere übrig. Und im Hintergrund landen die Flugzeuge weiter und weiter, jeden Tag bis in die Nacht hinein, die Betriebsamkeit in der Rhein-Main-Region kennt keine Pause. Das gefällt uns an dem Leben hier, es ist immer etwas los.

Distanz: 3,1 km
Gehzeit: 1 Std.
Charakter: kurz & knapp
Kinderwagen: ja

Die Dottenfelderhof-Runde

Am Niddaknie bei Dortelweil

Da will ich hin, wie komm ich hin?

ÖPNV: Zu erreichen mit der S-Bahn und der „Vilbus"-Linie 62, Haltestelle Dottenfelder Hof. Der Bus fährt nur stündlich.

Mit dem Auto: Parkplätze direkt am Dottenfelderhof. Die Stichstraße von der Landstraße Bad Vilbel-Gronau führt direkt auf den Supermarkt-Parkplatz. Dort gibt es auch viele Fahrrad-Abstellmöglichkeiten.

Fahrrad: Der „Dotti" ist eine feste Größe im Radwegenetz. Er liegt an der Regionalpark-Route und ist eine „Hofstation". Vom Niddaradweg bis zum Hof ist es nur ein kurzer Abstecher.

Einmal Nidda und zurück

Auf dieser Tour bekommt die Familie sicherlich die meisten Tiere zu Gesicht. Denn der „Dotti“ ist ein richtiger Voll-Bauernhof. Da gibt es Rinder, Schweine, Hühner und jede Menge anderes Getier ist auch noch unterwegs. Alle nicht so scheu wie ihre wildlebenden Artgenossen. Sondern gut „besuchbar“, da sich die Landwirtschaftsgemeinschaft Dottenfelderhof auf viele Besucher eingerichtet hat.

Der traditionsreiche **Öko-Bauernhof** zwischen **Bad Vilbel** und **Dortelweil** ist weithin bekannt. Nicht nur wegen der Verkaufswagen, die auf zahlreichen Wochenmärkten in der Rhein-Main-Region stehen, sondern auch der neugebaute **Bio-Supermarkt** am Rande einer **Streuobstwiese** zieht viele Besucher an. Es ist ein beeindruckendes Gebäude, ohne rechte Winkel, im Stil der Waldorf-Bewegung errichtet. Man steht davor und freut sich – eine große Markthalle kann also auch gut aussehen, nicht zu fassen.

Der Holzbau wird vom warmen Sonnenlicht beschienen. Davor liegt ein ziemlich großer Parkplatz. Klar, mit dem ÖPNV herzukommen, das ist schwierig. Und für viele Kunden geht es um den voluminösen Wocheneinkauf. Da wird der Kofferraum gefüllt. Aber wir wollen nicht meckern, gut, dass wir parken können. Denn das Auto soll eine ganze Weile stehenbleiben.

Unser Plan: Einkaufen und mit den Kindern einen mittelgroßen Spaziergang machen. Und da das **Hofcafé** seit kurzem in den großzügigen Räumen des alten Ladens untergekommen ist, haben wir noch eine leckere Einkehr mit Kaffee und Kuchen geplant. Die „kleine Wutz", mürbes Gebäck mit Schokoladenrüssel, lieben die Kleinen. Kinderwagentauglich ist unsere geplante Strecke auch noch. Perfekt. Heute lassen wir es uns gut gehen, es wird keine lange, aber erlebnisreiche Tour werden.

Der historische große Bauernhof wird von Gebäuden umschlossen: Vierseithof heißt es als Bautyp. Eine seit jeher wohlhabende Domäne in der Wetterau mit guten Ackerböden. Das zeigt auch das zweigeschossige ehemalige **Herrenhaus** an der östlichen Schmalseite. Ein Wappen prangt über der Eingangstür, darauf die Jahreszahl 1707. Das Zeichen von Andreas Brand ist zu sehen, der damals Abt des mächtigen Klosters Ilbenstadt war. An den übrigen Hofseiten befinden sich Wirtschaftsgebäude. Zum Teil sind sie bewohnt. Es gibt zahlreiche Landwirtschaftskurse mit vielen Teilnehmen-

den, auch international. Die Stimmung ist entspannt und freundlich, hier herrscht reges soziales Leben. Als Gast hat man nicht das Gefühl, ein Eindringling zu sein, unter der Woche und an Samstagen sind weite Bereiche des Hofes gastfreundlich zugänglich.

Auf dem Dottenfelderhof kann man mit Kindern gut umherstreifen. Zuschauen, wie die Rinder gefüttert werden, die hier ihre Hörner behalten dürfen.

Zum denkmalgeschützten Anwesen gehört auch ein von einer Bruchsteinmauer eingefriedeter **Garten**. In diesem geschützten Innenraum fühlen wir uns wohl. Die Kinder schauen nach den **Schweinen**. „Hey, da ist ja gar keins!“, rufen sie und stehen enttäuscht vor dem leeren Koben. Es liegt Stroh umher, da lag schon mal ein Tier drauf, aber … kein Schwein schaut uns an, keine Sau interessiert sich für uns!

Da, die Tür wird aufgestoßen, ein Rüssel erscheint, es quiekt. Es stimmt also, was in der Hofbroschüre so beschrieben wird: „Die Mastschweine halten wir mit Respekt vor dem Tier in einem innovativen Offenstall, wo sie Wühlareale, Freiflächen und isolierte Schlafboxen vorfinden. So wer-

Der schnurgerade und geteerte Feldweg, der Alt-Dortelweil und den Dottenfelderhof miteinander verbindet.

den die Futterreste des Hofes zu qualitativ hochwertigem Schweinefleisch veredelt." Kurz gesagt, alle möglichen Öko-Leckereien bleiben übrig, die Schweine bekommen etwas Feines zu fressen und wenn sie dann geschlachtet werden, dann haben wir auch etwas davon. Nein, wir sind keine Vegetarier. Ein feine Bratwurst vom Dotti, so wird der Öko-Bauernhof in der Region freundlich abgekürzt, wissen wir sehr zu schätzen.

Auch in den Kuhstall kann man gut hineinschauen. Die Rinder kauen, was das Zeug hält, das Stroh ist sauber und trocken. Achtzig **Kühe** sind es und wie die Hofgemeinschaft mit ihnen umgeht, das hört sich so an: „Die Kühe fressen sich im Laufe der Jahre und der Fruchtfolge durch den gesamten Betrieb, durchschmecken und durchkauen beim Wiederkäuen das Futter von unseren Äckern und Weiden und schenken uns neben der Milch den für den Betrieb passenden Mist." Klingt gut, sieht gut aus, stimmt uns froh.

Also ehrlich, das gefällt unseren Kindern sehr, der Respekt vor dem Lebewesen Kuh, keine Nummer in der Massentierhaltung, ein Akzeptieren der Individualität des Tieres, nicht nur jeder „Jeck“ ist anders, auch jede Kuh ist anders, hat einen eigenen Charakter. Weil auf dem Hof so viel passiert, bleiben wir über eine Stunde hier. Für die Erwachsenen gibt es zwischendurch einen lecker-cremigen Cappuccino von nebenan aus dem neuen Hofcafé. Dann brechen wir auf, zu unserem Spaziergang, eine richtige Wanderung kann man es nicht nennen. Wieder raus aus dem geschlossenen Vierseithof, nach links auf Dortelweil zu.

Da treffen wir Freunde, quatschen kurz mit ihnen. Sie sagen:

„Ein Tipp von uns, schaut euch unbedingt den Hühnerhof an, da stehen auch einige Stühle davor. Anfangs wirkt er langweilig. Nur Hühner gucken, nix als Hühner sehen, was das soll? Aber dann kann man den Blick nicht mehr abwenden, das ist wie im Kino. Dauernd passiert etwas Unerwartetes. Ein Hahn stolziert, einige Hühner streiten sich. Es ist ein beständiges Hin und Her. Ab und zu rennt das Federvieh, dann ist der Schatten eines Greifvogels hoch oben im blauen Himmel zu sehen.“

„Schau mal hier, guck mal da“, die Kinder kriegen sich kaum ein vor Beobachtungseifer. „Nein, wir wollen noch nicht weitergehen, es gibt hier so viel zu sehen.“ Unsere Freunde haben recht, hier muss man sich richtig losreißen. Der Weg am Hühnerhof entlang Richtung Dortelweil geht schnurstracks geradeaus. Sehr überschaubar. Eigentlich laaangweilig. Aber da gibt es einen parallelen Weg. Das soll der Kinderweg sein.

Das Spiel geht so: Die Erwachsenen bleiben auf dem geteerten Weg und die Kinder nehmen den Erdweg, der am Rande der Felder entlangläuft. Dazwischen ist ein schmaler Grünstreifen. Ab und zu sieht man sich, manchmal aber auch nicht. Für die Kleinen ist das ein wenig so, wie alleine unterwegs zu sein. Spannung. Sind die Eltern nach dem dichteren Gebüsch

noch da? Jaaa, zum Glück! Gelächter. Und Erleichterung, auf beiden Seiten. Das ist ein witziges Wegdoppel. „Ein Doppelmoppelweg“, ruft unsere Tochter. Es geht so weiter bis zum **Bahnübergang**. Eine eingleisige Strecke. Aber aufpassen, es gibt auch eine Schranke. Hier fährt eine kleine Regionalbahn, das **Stockheimer Lieschen**. Häääh, warum Stockheim? Weil das ein Städtchen in der Wetterau ist, wo dieser Zug endet, deswegen der niedliche Zugname. Ach sooo! Das Lichtsignal blinkt, es bimmelt: bing, bing, bing, die Schranke senkt sich. Die Schienen singen. Die Eisenbahn poltert in mäßigem Tempo vorbei. Kinder staunen. Die Schranke geht wieder hoch, wir blicken hinterher. „Mit dem Zug will ich auch mal fahren“, kräht der Große. Da ist sie schon, die nächste Ausflugsidee.

Weiter schnurgerade, nun ohne begleitenden Kinderweg, links Weide, rechts Feld, die Teerstraße können wir auf zweihundert Meter nicht verlassen. Ein Abzweig des **Nidda-Radwegs** kommt in Sicht. Nach links geht eine breit asphaltierte komfortable Fahrradbahn bis zur neuen blauen **Niddabrücke**. Hier zischen zwar viele Biker entlang. Macht aber nichts, es ist nur eine kurze Strecke. Direkt hinter der Flussquerung biegt der lauschige **Niddauferpfad** ab, beim scharfen Rechtsknick.

Sehr schön der Fußweg, gekiest, nicht viel los, schon gar keine Schnell-Radler. Hier ist sogar Radfahren verboten. Im Baumschatten geht es in Richtung des alten Dörfchens Dortelweil. Langsam natürlich, denn die Kinder sind sehr am Fluss interessiert. Die **Nidda** ist hier noch recht kanalig, sie wurde in den sechziger Jahren in ein künstliches Flussbett gezwängt. Dieser Plan war nicht gerade schön, viele Biotope wurden kaputtgemacht. Inzwischen wurde aus den Fehlern der Vergangenheit gelernt, dem Fluss wird teilweise sein alter, natürlich mäandernder Lauf wieder zurückgegeben. Eine prima Entwicklung!

Rechte Seite: Vielfältige Eindrücke vom Dottenfelderhof: ein landwirtschaftlicher Betrieb wie im Wimmelbuch.

Aber hier gibt es noch den Kanal. Deswegen: Aufgepasst, wenn jemand in den Fluss fällt, ist es schwer, ihn wieder

rauszuholen. Also lieber nicht zu nah ran. Auf Dortelweil zu sieht es schon anders aus, bei den **Sportfläche** auf dem anderen Niddaufer ist die Böschung abgesenkt worden. Gut so, da wollen wir hin. Aber vorher fesselt ein kräftig sprudelnder **Brunnen** unsere ganze Aufmerksamkeit. Aus einem Sandsteintrog fließt das Wasser. Es ist kühles Nass im Überfluss. Ein heißer Tag. Von Wasser können wir nicht genug bekommen. Wildes Geplantsche. In der beruhigenden Gewissheit, dass wir uns bald in der Sonne ausstrecken können, Decken haben wir dabei. Der Ort der Rast, der große **Kinderspielplatz** auf der anderen Seite des Flusses, liegt am **Nidda-Strand**. Eine weite Senke ist ausgebaggert worden, kein kinderfeindliches Steilufer.

An der Regionalpark-Route sind weithin sichtbare **Sitzkiesel** aufgestellt, immer drei zusammen. Da kann man sich herrlich fläzen. Aber besser noch ist der große Spielplatz am Rande der Dortelweiler Fußballplätze. Die Seilbahn wird sofort gestürmt. Eine Riesenfläche, grün und entspannt. Ein älteres Spaziergeh-Paar kommt vorbei und erzählt von der Zeit, als an heißen Tagen Pferde in die flache Nidda getrieben worden sind. Nach anstrengender Arbeit auf den Feldern. Ein Tipp von ihnen: Das weiße Schild anschauen, da ist ein altes Foto zu sehen, Gänse in der Nidda, Leute, die sich am Fluss unterhalten. Sieht aus wie im Süden. Zusammen mit ihrer Erzählung wird die Szene lebendig.

Unsere Regel: Immer offen sein, ein Gruß, ein Lächeln, und man erfährt so viel. Denn viele Leute, die man trifft, sind richtig nett. Es muss sich nur die Möglichkeit zum Gespräch ergeben. So, auf, nun wieder los, wir wollen noch einkaufen. Auf dem Dotti gibt es Milch und Käse in Demeter-Qualität. Alle wissen, der Rückweg ist nicht lang, das hilft zu motivieren. Schwein, Rind und Huhn locken auch wieder. „Müssen wir mit in den Laden?“, fragen die Kinder. „Natürlich nicht, ihr schaut euch um und wir kaufen ein.“ Auf dem Hof gibt es, gegenüber vom Freisitz des Cafés, auch noch einen weiteren tollen **Spielplatz**. Das Gute an der Dotti-Runde: viele At-

traktionen, kurze Laufstrecke, ideal für Familien mit kleinen Kindern. Aber über eine wichtige Sache muss man Bescheid wissen: Sonn- und feiertags ist der Hof geschlossen. Keine Möglichkeit die Tiere anzuschauen oder auf den Spielplatz zu gehen. Da müssen sich die über Hundert Hofbewohner mal ausruhen. Sechs Tage lang sind sie ständig am Werkeln und Kümmern, Käse machen und Brot backen. „Sechs Tage sollst du arbeiten, am siebten Tag sollst du ruhen“, so heißt es schon im Alten Testament. Das passt also gut für einen ehemaligen Klosterhof.

Der Dottenfelderhof blickt auf eine mehr als Tausendjährige Geschichte landwirtschaftlicher Nutzung. Die neue Verkaufshalle ist allerdings erst wenige Jahre alt.

Distanz: 8,8 km
Gehzeit: 2:30 Std.
Charakter: immer bergab
Kinderwagen: ja

Munter den Vulkan hinunter

Vom Hoherodskopf nach Hochwaldhausen

Da will ich hin, wie komm ich hin?

ÖPNV: Durch das tolle System der Vulkan-Express-Busse ist der Vogelsberg an den Wochenenden und Feiertagen in der Saison vom 1. Mai bis 31. Oktober gut erschlossen. Deswegen lohnt sich vor der Tour ein genauer Blick auf das Liniennetz.

Auto: Parkplätze gibt es um den Gipfel des Hoherodskopf in Hülle und Fülle. Allerdings kommen auch viele Familien mit dem Auto. An schönen Wochenenden wird's durchaus voll, der Stellplatz kostet auch Geld.

Mit dem Rad: Der Knüller beim Vulkan-Express ist die kostenlose Fahrradmitnahme. Die Busse haben große Fahrradanhänger. Das sollte man mal ausprobieren.

Entlang des schwarzen Wassers

Diese Wanderung ist ein Ausreißer. Nach Norden. Ganz schön weit weg vom Rhein-Main-Gebiet, dem Schauplatz der meisten Touren hier. Es gibt einen guten Grund dafür: den tollen Blick vom Hoherodskopf über Südhessen. Großes Landschaftskino. Und einen wunderbaren Waldweg vom Gipfel Richtung Teufelsmühle. Die steht in Ilbeshausen-Hochwaldhausen. Zurück mit dem Vulkan-Express, der Ausflugsbuslinie für die Wochenenden. Damit es ein familiär-entspannter Bergspaziergang bleibt.

Der Berg ist weithin bekannt. Ist ja auch kein Wunder, wenn man so hoch ist: 763 Meter. Damit gehört der Gipfel zu den höchsten Hessens. Der Fernblick von dort oben ist gigantisch, am Horizont sieht man bei gutem Wetter die Hochhaustürme Frankfurts. Hier ist viel los. Großer Parkplatz, ein **Berggasthof**, ein **Hochseil-Kletter-Garten**, noch eine **Berghütte** und vieles mehr drängt sich auf dem Plateau. Aber das kennt man ja von den anderen „Höchsten Hessen": Auf dem Feldberg im Taunus und auf der Wasserkuppe in der Rhön sieht es ähnlich aus. Es gibt einen Andrang auf den hohen Bergen, da sammeln sich viele Leute und die möchten auch etwas erleben. Remmidemmi. Und Kaffee und Kuchen bitte auch noch. Alle wollen hier hin. Gut für uns. Denn so führen auf den **Hoherodskopf** mehrere Buslinien. Das ganze Netz in der Region heißt Vulkan-Express. Warum Vulkan? Der **Vogelsberg** war mal ein Schildvulkan. Tolle Form. Also ein Vulkan wie aus dem Bilderbuch, zum Glück ist er schon lange nicht mehr ausgebrochen.

Wir starten also auf dem Gipfel. Das ist der „logische Platz". Es geht heute den ganzen Tag sanft bergab. Aber, bevor wir loslaufen, müssen wir uns einen besonderen Ort anschauen. Den Kiosk **Zur schönen Aussicht**, auch Würstchen-Doro genannt. Doro, das ist der Name der Chefin der Imbissbude, die ganz vorne am **Breungeshainer Hang** steht. Diese Bude ist Kult, an schönen Tagen ist es hier voll mit Motorradfahrern, Mountainbikern und Wanderern. Wenn man sich die Gipfelbratwurst an der Theke geholt hat, geht man am Zaun des **Vater-Bender-Heims** lang. Das ist eine urige Wanderunterkunft des VHC Vogelsberger-Höhen-Clubs. Die kann man für Gruppen mieten. Auf weichem Grasteppich geht es zur Aussichtsbank mit Blick auf den Skilift. Ja, auch das geht im Vogelsberg. In schneereichen Wintern ist hier ein kleines Skigebiet in Betrieb. Aber das Besondere ist hier der Frankfurt-Blick. Die Türme der Bankenstadt ragen aus den dunstigen Fernen. Großes Landschaftskino: Der Taunus rechter Hand, Wolkengebirge, Berge staffeln sich hintereinander. Ein Anblick, an dem man sich nicht satt sehen kann,

weil sich das Licht ständig verändert. Die Kinder kugeln über das weiche Gras. An diesem Ort wird im August das Hoherodskopf-Sportfest veranstaltet. Ein Spitzenort für eine Rast. Aber wir haben ja noch die ganze Tour vor uns.

Nur barfuß schafft man es nicht ans Ziel…

Wir müssen uns losreißen, auf geht's! Am **Schwarzen Fluss** entlang soll es zu den **Uhuklippen** gehen. Weil wir nicht so steil bergab gehen wollen, vermeiden wir den Skihang neben der **Sommerrodelbahn**. Zu starkes Gefälle macht auch keinen Spaß. Die Kinder quengeln zwar ein wenig, aber zunächst wandern wir im Wald parallel zur Zufahrtsstraße. Da sind eine Menge parkende Autos zu sehen, aber am Straßenknick biegt der Hoherodskopfsteig ab und es geht in angenehmen Sinkflug Richtung **Flößerschneise**. Auch ganz gut, der Weg ist in der Mitte grasig, aber recht breit mit zwei schotterigen Fahrspuren. Wir sind zwei Familien und da ist es natürlich wunderbar, nebeneinanderher zu laufen. Und sich auszutauschen. Alle quatschen, das Laufen fällt leicht, schon sind wir bei einer Dreieckskreuzung, die etwas Orientierung erfordert.

Die Karte wimmelt vor Wanderzeichen. „E3“ bezeichnet einen Weitwanderweg, den **Europäischen Fernwanderweg 3**, der vom Atlantik über die Ardennen, den Vogelsberg bis in den Böhmerwald führt. Außerdem gibt es noch ein ganz opulentes Wegezeichen: Es zeigt einen Bischofsstab, Kreuz und rot-weiß gewürfelten Hintergrund. Die Bonifatius-Route ist ein 2004 angelegter, 172 Kilometer langer Pilger- und Wanderweg, der auf den Spuren des Leichenzuges des heiligen Bonifatius von Mainz zu seinem Grab in Fulda führt. Alle diese Wege, die sich später wieder verzweigen, vereinen sich auf der Flößerschneise, die zum **Rastplatz Flößerhaus** am Schwarzen Fluss führt. Unser Zeichen ist zunächst das einfache rote Kreuz.

Pause! Das Flößerhaus sieht aus wie ein Hexenhaus, stilvoll gemauert, mit grünen Fensterläden, überragt von einem Schornstein. Davor und daneben Holztische und Bänke, die zu einer Pause einladen. Ein kleiner **Teich** ist auch im Wald, was will man mehr. Ausgedehnte Rast, eine gemauerte Steinbrücke führt über den Schwarzen Fluss. „Hey, kommt mal hier rüber“, ein Kind ist unten an dem kleinen Bach und hält beide Hände ins kühle Nass. Kinder-Tohuwabohu, ein uriger Ort mitten im Wald, sehr stilvoll. Es ist auch ein gutes Haus, die Flößerbude, wir kennen nüchterne Wasserwerksbauten im Taunus, auch mitten im Wald, die null Charme haben, hässliche Gebäude, wie aus Industriegebieten in das Gebirge verpflanzt.

Ein breiter Weg führt durch das Idyll, die **Oberwaldstraße**, ein gut gebahnter Forstweg auch für schwere Fahrzeuge. Aber heute ist hier gar nichts los. Nur blauer Himmel, Vogelgezwitscher, Wind in den Blättern. „Kommt, wir gehen weiter“, rufen nach über einer Stunde die Kinder. Sie sind neugierig geworden, haben vorhin bei der Karten-Erklärung „Uhuklippen“ gelesen. Eine Steinformation offensichtlich, jedenfalls auf der Karte mit Felsschraffuren gekennzeichnet. Da liegt noch der **Ludwigsteich** dazwischen, später kommt der **Teufelstisch**. Angesichts der ganzen ver-

heißungsvollen Namen stürmt die Kindergruppe los. Aber die Aufregung legt sich wieder. Strecke laufen, entspannt ungemein. Der **Ludwigsteich** ist mit Entengrütze bedeckt, so recht kommt man nicht an das Wasser heran. Ein aufgestauter Weiher, dessen Wasser beim „zu-Tal-fließen" von Baumstämmen mithelfen sollte. Nachdenklich beäugt die ganze Gruppe den Schwarzen Fluss. Es kann sich niemand vorstellen, da man hier auch nur einen einigermaßen großen Stamm Richtung **Hochwaldhausen** transportieren kann. „Ich glaube es nicht", erklärt erst eins, dann zwei, dann drei, dann vier der Kinder: „Der Teich ist einfach so da." Egal, wir hüpfen vergnügt weiter Richtung Uhuklippen. Eine solide ausgebaute **Schutzhütte** zeigt bald darauf, dass Hochwaldhausen ein Kurort ist. Aber nur ein ganz kleiner, ein Mini-Kurort sozusagen. Die Hütte ist ein richtig wetterfester Unterstand, falls Wanderer im Wald mal in einen Platzregen geraten. So was von stabil, wir besichtigen die Hütte ausgiebig und finden es fast schade, dass es nicht regnet. Einige Meter weiter, der **Teufelstisch**. Garniert mit einer Sage, die man auf einem Schild am Baum nachle-

Der Vogelsberg wurde von Feuer und Wasser geformt. Europas größter Schildvulkan ist von zahlreichen Bachläufen durchzogen. Rechtes Bild: der Schwarze Fluss, linkes Bild: der aufgestaute Ludwigsteich.

sen kann. Die geht ungefähr so: Waldarbeiter machen Rast, sitzen am Tisch, futtern, trinken, spielen Karten. Ein Fremder kommt hinzu, dunkel gekleidet, etwas unheimlich, hat aber Geld. Die Männer spielen Runde um Runde, anfangs gewinnen sie, später natürlich nicht mehr. Die Zuhörer wissen, auf was es hinausläuft. Der Fremde ist ... oh Wunder ... der Teufel und er ist scharf auf die Seelen der Waldarbeiter. Aber die Überrumpelung klappt nicht, die Arbeiter riechen die Lunte und schließlich fährt der Teufel mit einem Fluch in die Höhe. Haut aber vorher nochmal gewaltig auf den Tisch, das Loch sieht man noch heute.

Das wird natürlich ausführlich befühlt, in dem Loch steht etwas Wasser. „Wo kommt denn das her an einem so trockenen Tag?“, fragt eines der Kinder. Hm, macht einer der Erwachsenen ein ernstes Gesicht und schaut sich furchtsam um: „Vielleicht beobachtet uns jemand?“. Huhuhuhu, grusel, grusel. Diese Sagen machen doch einigen Eindruck! Das fängt ja gut an und geht bei den Uhuklippen auch gleich weiter. Nur so viel: Lange, lange her. Ein kleines Kind wurde aus Hochwaldhausen entführt, der ganze Ort sucht. Nichts zu finden. Vater sucht das Kind bei den Klippen. Dort haust ein mannshoher Uhu. Ein fieser Vogel. Mit der Kraft der Verzweiflung besiegt der Vater das Tier und befreit seinen kleinen Sohn. Kommt zurück in den Ort. Der Uhu ist seine Beute, er ein Held. Das Kind ist unversehrt.

Die **Uhuklippen** bilden die größte Felsansammlung im sogenannten **Schelges-Wiesenwald**. Sie sind mit einer Länge von fast einem halben Kilometer bei einer Höhe von gut zehn Metern ein Naturdenkmal. Der Geologe sagt nüchtern: „Die Steilstufe ist in den Hang eingepasst, an ihren Füßen hat sich eine Halde mit Blockschutt gebildet. Die Uhuklippen sind aus einem dunklen Alkalibasalt aufgebaut und werden von Olivin- und Klinopyroxen-Einsprengseln durchzogen. Die Klippen sind Teil der älteren Lavamassen, welche überwiegend im östlichen Teil des Vogelsbergs vorkommen.“ Aus heutiger Sicht alles wissenschaftlich zu erklären, kein

Problem. Aus der Sicht früherer Jahrhunderte: Alles höchst merkwürdig, hier müssen übersinnliche Kräfte mit im Spiel sein. Von Vulkanen hatte damals niemand etwas gehört. Es muss eine erschreckte Welt gewesen sein, das Unheimliche war immer ganz nah.

Endspurt: Hochwaldhausen. Landstraße überqueren, dann Richtung Kurpark, durch ruhige Wohngebiete, ganz überraschend. Es ist jedenfalls kein gewachsenes Dorf, sondern hat eine andere Baugeschichte. Schöne Kombination aus Kurpark und kürzlich saniertem Freibad. Wir sind begeistert und entschließen uns, den Besuch der Teufelsmühle auf den nächsten Ausflug in dieser Gegend zu verschieben. Nach ausgiebigem Geplantsche und sonnigen Rumgeliege auf der herrlichen Wiese machen wir uns mit dem Vulkan-Express auf den Rückweg zum Hoherodskopf-Parkplatz. Und als wir spätabends mit schlafenden Kindern auf dem Rücksitz wieder in der großen Stadt eintreffen, sind wir uns einig: Wir wollen diesen Sommer unbedingt nochmal in den Vogelsberg fahren.

Linkes Bild: Ein Platz an der Sonne, dafür hat der Förster aus der stämmigen Fichte ein zierliches Stühlchen gesägt. Rechtes Bild: Blockige Felsen mitten im Wald, die Uhuklippen sind bei dunstigem Wetter ein mystischer Ort.

Distanz: 5,3 km
Gehzeit: 1:30 Std.
Charakter: einfach
Kinderwagen: ja

Grenzgang mit Wetterau-Blick

Zwischen Bad Vilbel und Bergen-Enkheim

Da will ich hin, wie komm ich hin?

ÖPNV: Die Berger Warte ist noch Kernzone Frankfurt. Da bietet sich eine Anfahrt mit dem Bus 551 an, aber Achtung, am Sonntag nur im Stundentakt. Der Stadtteil Bergen ist besser angebunden. Der Weg auf den Berger Rücken verlängert sich von der Marktstraße im Ortskern um etwa 20 Minuten.

Mit dem Auto: Parken auf dem winzigen Parkplatz am Alten Jüdischen Friedhof Bergens. Oder an der Berger Warte gegenüber, das ist aber eher improvisiert.

Wo Frankfurt an der Wetterau kratzt

Vorteil: Nahe an zwei Großstädten, Frankfurt und Offenbach, und einer Mittelstadt, Bad Vilbel, gelegen, erhebt sich der Berger Rücken als smarter Höhenzug, der auf seiner Nordseite hügelig gefaltete Wiesen in sanftem Schwung Richtung Waldrand gleiten lässt. Eine schöne Gegend für einen gelungenen Kurzausflug, ohne lange Anreisezeit. Mit Weitblick, hinaus in die Wetterau, eingerahmt von den Bäumen und Büschen des Naturdenkmals Baumlohhohl. Und eine alte Grenze zwischen Herzogtum und Königreich, die mit klotzigen Steinen markiert ist.

Das ist der Gipfel! Wo ist Frankfurt am höchsten? Na klar, Hochhäuser gibt es viele, auch einige, die den höchsten Punkt des Stadtgebietes metermäßig überragen. Aber der natürliche „Gipfel“ innerhalb der Gemarkungsgrenzen der Stadt Frankfurt ist mit 212 Metern über Meereshöhe die **Berger Warte**. Ein schmuckloser Turm, für Überwachungszwecke im 16. Jahrhundert aus Mainsandstein errichtet. Wenn die schwerbeladenen Kaufmannswagen das Gebiet der Freien Reichsstadt verließen, wurden sie hier an die Geleitreiter der Hanauer Grafen übergeben. Lückenloser Schutz war wichtig für die wertvollen Waren. Denn Räuber lauerten auf fette Beute. Heute ist der von einem niedlichen **Hain** umgebene Wachturm ein idyllischer Platz für ein Picknick. Friedlich war es hier nicht immer, über Hunderte von Jahren stand hier der Galgen des kleinen Ackerbürgerstädtchens Bergen. 36 Hinrichtungen sind verbürgt. Wir gruseln uns ein wenig und gehen hinüber zur Bundesstraße 521.

Jenseits der stark befahrenen Landstraße beginnen die Wanderwege am **Berger Nordhang**. Glücklicherweise wird hier gerade eine Ampel gebaut. Rechter Hand liegt der Alte Jüdische Friedhof Bergens, weit außerhalb des Ortes. Das zeigt, so richtig nett waren die christlichen Einwohner Bergens ihren jüdischen Mitbürgern gegenüber in den 1920er Jahren nicht. Ungefähr 100 Jahre alt ist die mit einem Zaun umfriedete Anlage. Der Stellplatz direkt gegenüber des Friedhofs ist bei gutem Wetter und an den Wochenenden meistens überfüllt. Die Bushaltestelle des 551er Busses von Offenbach nach Bad Vilbel heißt „Berger Warte“. ÖPNV oder Auto, das ist eine Entscheidung, die oft zugunsten des eigenen fahrbaren Untersatzes ausfällt.

Bemerkenswert auf der Höhe, dem Berger Rücken, ist das große **Umspannwerk**. Hier kommen die gewaltigen Strom-Hochspannungsleitungen von den Kraftwerken an. Umspannwerke wie dieses verteilen den Strom im Netz und verändern dafür seine Spannung. Von hier aus wird der elektrische Strom unterirdisch in die Stadt geleitet. Markant

werden uns auf dieser Tour die hohen Masten der Hochspannungsleitungen begleiten – und viele Krähen, gewissermaßen das Symboltier dieser Wanderung.

Auf dem Berger Rücken erreichen die Stromtrassen Frankfurter Boden. Ab dem Umspannwerk geht es unterirdisch weiter.

So, nun sind wir endlich am Startpunkt, die Kinder wurden schon ungeduldig, sie wollen schließlich nicht am Zaun einer Industrieanlage stehen, sondern über die Wiesen rennen. Auch hier wieder: **Streuobstgebiete** und **Magerrasen**, die von Zeit zu Zeit von **Schafherden** abgeweidet werden. Und fruchtbare **Lößböden**, die von schweren Maschinen bearbeitet werden. Allerdings passt beides gut zusammen. Dort intensiv bewirtschaftetes Bauernland, hier der grasigsamtige Hang Richtung Bad Vilbel, ein wunderbares Areal zum Chillen und Spielen und „Sich-den-Berg-hinunter-kugeln-lassen". Der breite Höhenweg führt immer am Hang entlang. Er wird begleitet von schmalen Pfaden, gut geeignet für das Spiel: Elternweg und Kinderweg. Fast immer in Sichtweite zueinander, nur gelegentlich durch Büsche und Bäume verdeckt. Ein gutes Mittel, um beim Start der Wanderung schon viel Spaß zu haben. Eine alte Straßenverbindung, der **Landgraben**, verbindet **Bergen** und **Bad Vilbel**. Diesen Weg nehmen wir nicht, wir wollen weit in die Wetterau hineinschauen können. Ab und zu biegen wir links ab und schauen nach, was es auf den kleinen Pfaden zu entdecken gibt. Ja, natürlich, auch hier gibt es **Quellen**, die nach Regentagen ergiebiger plätschern. Winzige Täler, vom Wasser geformt, wir können erkennen, wie Landschaft entsteht. Wir brauchen Zeit, denn mit lehmiger Erde wollen die Kinder Mini-Staudämme an den Bachanfängen errichten.

Wenn wir im Frühjahr unterwegs sind, weht der knoblauchige Duft des **Bärlauchs** aus dem Tal hinauf. Der **Vilbeler Wald** ist für diese Pflanze bekannt. Wenn die Erntezeit gekommen ist, bevor der Bärlauch blüht, sieht man viele Leute mit aufmerksamen Blick und großen Beuteln über die Wiesen streifen. Frühjahr, Sommer, Herbst und Winter, der Berger Rücken ist ein Ganzjahresziel. Es gibt bestimmte Tage in der kalten Jahreszeit, feucht und neblig, da „sprazzeln" und „knackseln" die Stromleitungen elektrisch, da hört man deutlich, was für eine Energie hier durchgeleitet wird. Im Hochsommer, wenn es so richtig heiß ist, dann ist der Höhenweg in der Sonne der „Schwitz-Weg", und der Pfad unten im Vilbeler Weg der schattige „Relax-Weg", das kann auch über die Tageszeit klug geplant werden. Also als Sonntagsausflug, morgens, wenn es noch etwas kühler ist, ungefähr drei Kilometer auf der sonnigen Höhe entlang. Mittags, wenn die Sonne hoch am Himmel steht, in der Kühle des Waldschattens zurücklaufen. Und, nicht vergessen, immer ein Picknick und genügend Getränke mit einpacken.

Wir sind nun an einer Bank angekommen, die **Feldbergblick** heißt. Hier weht oft ein kühles Lüftchen. Ein älteres Paar sitzt am Tisch, hat sogar ein kariertes Handtuch draufgelegt, auf einem Holzbrettchen Brot, Käse und Wurst. Wir kommen ins Gespräch. „Ihr müsst euch unbedingt den **Baumlohhohl** anschauen, nicht weit von hier." „Was soll denn das sein?", erkundigen sich die Kinder. „Hohlbaumloh?" Sie lachen: „Nee, Lohhohlbaum, das ist ein Naturdenkmal. Ein alter Hohlweg.

Hunderte von Jahren fuhren da schwere Karren entlang, der Weg grub sich immer tiefer in die Landschaft ein. Einen Hohlweg nennt man das." Rechts und links wachsen Bäume und Sträucher. Viele Tiere leben da. Denn die Landschaft ist sonst ziemlich ausgeräumt, da gibt es kaum Hecken und Feldraine. Wie wichtig so ein Unterschlupf für die Tiere ist, hat man schon 1951 erkannt. Dieses Paradies, 350 Meter lang, 30 Meter breit, wurde unter besonderen Naturschutz gestellt. Seitdem fühlen sich **Wild, Vögel** und **Kleinsäuger** hier wohl. „Kann man den Hohlweg noch entlanggehen?", erkundigen sich die Kinder. „Nein. Der ist völlig zugewuchert, ausgeschlossen. Und außerdem: Sinn des Naturdenkmals ist, da darf kein Mensch rein, nur von außen schauen oder mit dem Fernglas beobachten."

Entlang des Wiesenwegs bilden alte Obstbäume eine sehenswerte Allee.

Wir ziehen weiter. Ein großes Feld, der fette Ackerboden glänzt metallisch in der Sonne. Wenn wir den Betonplattenweg Richtung Bergen betrachten, dann wird uns klar, was „ausgeräumte Landschaft" bedeutet. Da gibt es nur noch Feld und Weg, sonst nichts mehr. „Laaangweilig", rufen die Kinder. Bis zum „Baumlohhohl“ wollen sie dennoch. Wir kommen an einer gut gepflegten **Streuobstwiese** vorbei. Sehen, dass viele neue Bäume gepflanzt wurden. „Da hat doch bestimmt das **MainÄppelHaus** seine Finger mit im Spiel“, vermutet der Jüngste. Richtig, wenige Meter weiter sehen wir schon das Schild mit dem netten Logo des Streuobstzentrums. Das ist der Ausgleich für die intensive Landwirtschaft in dieser Gegend. Kurz danach: Der dicht bewachsene, ehemalige Hohlweg wirkt wie ein „Landschaftstor“. Dahinter beginnt die weite Wetterau. Eine fruchtbare Landschaft, die schon die Römer genutzt haben. Deswegen haben sie in ihre Grenzsicherung, den **Limes**, einen weiten Bogen eingebaut. Die Wetterau sollte unbedingt mit im römischen Reich sein, tolle Böden schon vor 2.000 Jahren, gutes Korn für die immer hungrigen Legionen.

Ein toller Fernblick, aber es ist uns klar, für eine Familientour ist der Vilbeler-Wald-Weg viel besser als das offene Feld. Erstaunlich, dass das hier immer noch zu Frankfurt gehört, die Höfe **Am Gisisberg** und **Buchenhorster Hof** liegen tatsächlich noch in der Großstadt. Theoretisch klar, praktisch gehören sie natürlich zum 1977 eingemeindeten Vorort-Stadtteil Bergen-Enkheim. Der Marktflecken hatte auch eine stolze Geschichte als befestigter Vorposten der Grafschaft Hanau gegen die Freie Reichsstadt Frankfurt. Viele Bürger mussten schwer schlucken, dass aus der Stadt im Landkreis Hanau ein Stadtteil Frankfurts wurde. Aber eine super Kombi aus Hallen- und Freibad gab es als Zugabe, das gefiel wiederum anderen Einwohnern.

Neue Grenzgeschichten, alte Grenzgeschichten, spannende Geschichte. Wir haben den Kindern von den Grenzsteinen unten am Waldsaum erzählt, die wollen wir uns jetzt mal anschauen gehen. „Oh ja“, rufen sie, „wir wollen wieder in die Tausend-Zimmer-Landschaft, hier oben ist es uns zu leer.“ Ist zum Glück nicht besonders weit. Wichtig für Touren mit den Kleinen: Laufstrecken nicht zu weit planen, lieber in attraktiven Gebieten einen extra Schlen-

ker einbauen. Über Wiesen wuseln wir zum Wald. Ist das herrlich weich, die Füße werden nicht müde. Ein schmaler Pfad verschwindet im Unterholz. Da wollen wir hin. Ein Verkehrsschild im Wald, Radfahren verboten! Na sowas. Wahrscheinlich waren da viele Mountainbiker unterwegs, mutmaßen wir. Einige große Baumstämme verrammeln den Zugang. Zu Fuß kein Problem und gerade bei Touren mit kleineren Kindern ist es gut, wenn man nicht jeden Meter auf sie aufpassen muss. Von Vilbeler Freunden wissen wir, dass ganze Gruppen von Waldkindergärten diesen Weg nutzen, weil er abwechslungsreich ist. Das sieht man an den **Stangen-Tipis**. Lustig aussehende Zeltkonstruktionen, gesammelte Hölzer, so um einen Baum gestellt, dass sie wie ein Indianerzelt aussehen. Der Weg ist schön uneben und bald sind wir an den **Grenzsteinen GH**, die Nordseite, auf Vilbel zu, steht für das Großherzogtum Hessen, **KP** auf der Südseite für das Königreich Preußen. Und eine Nummer trägt der Stein auch noch, die 78. Spannend, die Kinder befühlen den rauen historischen Stein, Geschichte zum Anfassen.

Wer wohnt denn wohl in dieser tiefen Spechthöhle?

Ein Stück weiter hat sich ein **Bach** tief in den weichen Waldboden gegraben und die Wurzeln der Bäume freigelegt. **Regenwürmer, Ohrenkriecher** und **Asseln** wimmeln unter dem Laub umher. Feuchtigkeit überall, Wasser gluckert. Das passt gut zur Matschhose, mit Stöcken wird der Schlamm aufgewirbelt, mit den Händen geknatscht. Ab und zu wärmen wir uns in der Sonne, auf der Wiese. Es ist ein Wohlfühlort, kein steiler Hang, sondern eine Landschaft im lässigen Faltenwurf. Und wenige **Disteln** auf der Wiese, einfach eine Decke ausbreiten, hinlegen, Sonne tanken und Matsch trocknen. Den Waldsaum lieben auch die Vögel: **Buchfink, Grauammer, Kuckuck, Steinkauz, Nachtigall, Neuntöter** und zahlreiche **Insektenarten** sind hier anzutreffen. Wegen der vielen kleinteiligen Parzellen gibt es viele Hecken und kaum öffentliche Wege. Aber zum Glück auch keine Zäune, Trampelpfade führen kreuz und quer am Hang entlang. Es heißt, dass an einigen Stellen noch Terrassen mit alten Weinstöcken erhalten geblieben sind.

Wir trödeln durch den lieben langen Nachmittag, freuen uns an der verschwenderischen Natur und sind verblüfft, als wir an den **Landgrabenweg** kommen. Was, schon wieder da! Zum Rückweg geht's hier steil bergauf. Da entscheiden wir uns für den **Serpentinenpfad** über die Wiese, nach dem geschmeidig weichen Wald- und Wiesenboden wollen wir Schotterpisten so lange wie möglich vermeiden. Oben auf der Höhe sehen wir auch die Hochspannungsleitungen wieder. Eindeutig, da hinten ist das Umspannwerk. Noch einige Meter Richtung Bushaltestelle. Ein Blick auf die Uhr. Der sonntägliche Stundentakt des 551er Busses ist natürlich grenzwertig. Besser ist es, über den Landgrabenweg nach Bergen zu laufen und die Anbindung nach Bornheim zu nutzen, dieser Bus fährt im 15-Minuten-Takt. Aber da wir eine sehr unterhaltsame Wanderung mit vielen Spielpausen hatten, machen unsere Kinder diese Zugabe bei der Wegstrecke gerne mit. Und so können wir sagen, Berger Rücken, du bist entzückend, wir werden dich wieder erklimmen.

Rechte Seite: Ein Baum wie eine Landschaft. RInden-wucherungen machen dieses Gehölz zu einer markanten Wegmarke.

Die Autoren

Seitdem sich Martin Glomm (re.) und Stefan Krieglsteiner (li.) vor einigen Jahren in der Krabbelstube ihrer Söhne kennengelernt haben, sind sie sommers wie winters gemeinsam mit ihren Familien auf schmalen Pfaden im Rhein-Main-Gebiet unterwegs. Das Motto der beiden: Auch auf bekannten Pfaden kann man immer etwas Neues entdecken – man muss nur die Augen offenhalten!

Herzlichen Dank …

…an Clemens Fischer, den „Kühkopf-Fotografen“, Alexander Paul Englert (Autorenporträts) und an Gerd Fassauer, Jörg v. Olnhausen und Eckart Fischer, den Wanderern entlang des Schwarzen Flusses.

Bildnachweis

Martin Glomm: Illustrationen Familie und Tiere mit Ausnahme der hier aufgeführten Illustrationen. Fotos Tour 7, 17, 18, 19, 20.

Stefan Krieglsteiner: Fotos mit Ausnahme der hier aufgeführten Bilder.

Alexander Paul Englert: 207

Beskova Ekaterina/Shutterstock (Pflanzen): 3, 54, 66, 97, 98, 106, 115, 116, 128, 146, 192, 194, 198, 204

Clemens Fischer: 125, 127, 129, 131

Designed by Freepik (Bus, Fahrad, Auto, Bahn, Hand): 12, 13, 22, 23, 30, 32, 33, 40, 42, 43, 51, 52, 53, 54, 62, 63, 70, 72, 73, 76, 82, 83, 92, 3, 102, 103, 110, 112, 113, 122, 123, 132, 133, 140, 142, 143, 150, 152, 153, 158, 160, 161, 168, 170, 171, 178, 179, 183, 188, 189, 196, 197

Eckart Fischer: 189

Elena Istomina/Shutterstock (Graureiher): 62, 65, 67, 68, 70

Gerd Fassauer: 191

Jörg v. Olnhausen: 193

Lia Nanuk/Shutterstock (Hühner): 178, 180, 181, 183, 184, 186, 187

Magicleaf/Shutterstock (Eremit): 152, 153, 155, 156, 159

robuart/Shutterstock (Eisvogel): 42, 45, 47, 51

SnyGGG/Fotolia.com (Fußspuren): 14, 16, 56, 61, 78, 79, 89, 98, 99, 115, 120, 121, 124, 126, 136, 149, 154, 156, 172, 180, 181, 182, 190, 194, 195, 198, 202, 203

SunshineVector/Shutterstock (Waldtiere/Blätter/Pilze/Eicheln/Beeren): 12, 17, 25, 27, 32, 34, 35, 36, 37, 38, 39, 44, 50, 52, 54, 55, 56, 57, 58, 59, 60, 61, 78, 80, 83, 84, 86, 89, 90, 92, 96, 99, 101, 102, 104, 105, 107, 108, 110, 112, 114, 116, 118, 120, 126, 142, 145, 147, 148, 150, 151, 160, 162, 163, 165, 166, 169, 174, 188, 190, 192, 194, 195, 200

tonia_tkach/Shutterstock (Blumen): 3,8, 21, 49, 60, 64, 74, 86, 98, 115, 130, 144, 172, 180, 198